회복탄력성

회복탄력성
Resilience

김시현 지음

다른
상상

아이러니하게도 우리는 가장 고통스러울 때 그 이전까지 내가 참 행복한 사람이었다는 것을 깨닫는다. 더 이상 갈 곳이 없는 절벽 위에 섰을 때 가장 행복한 순간을 떠올리며 고통과 행복이 한 쌍임을 알아간다. 행복만 있는 삶도 고통만 있는 삶도 없다. 가장 고통스러웠던 시절에도 행복했던 시절이 선명하게 다가오면서 다시 살아나갈 힘을 얻었다.

인생은 결코 달콤하지 않다. 달콤하기만 해서는 인생의 여러 가지 맛이 어우러져야 한다는 것을 모른다. 쓴맛은 쓴맛으로 홀로 존재하지 않는다. 쓴맛이 극에 달하면 단맛을 부르고, 단맛이 극에 달하면 쓴맛이 그립다. 입에 쓴 약이 몸에 좋듯이 쓴맛은 삶에 약이 되기도 한다. 인생의 쓴맛을 맛보지 않았다면 내 인생에 찾아온 행복들을 온전히 이해하지 못했을 것이다. 인생을 통과하면서 겪은 고난과 아픔은 시간이 지나면 내 삶을 단단히 지탱해주는 기반이 된다. 이런 경험치를 통해 다시 일어서게 된다.

지금 가장 고통스러운 시간을 견디고 있다면, 더욱 단단해질 시간이 주어졌다는 것을 의미한다. 이를 통해 새로운 기회나 도전 혹은 변화를 맞이하게 된다. 일상에서, 삶의 전환점에서 시련과 고통을 겪게 됐을 때 꺾이지 않고 나아갈 수 있는 무기를 삶이 내게 주려는 것이다.

화복무문 유인자초(禍福無門 惟人自招). 화와 복에는 문이 따로 없다. 오직 사람만이 화와 복의 문을 열 수 있다. 불확실한 미래를 헤쳐 나가는 힘은 오직 자신의 마음에 있다. 현재의 불확실성이 어떤 결과를 가져올지도 현재의 내 선택에 달려 있다. 불안해할 것인가, 새로운 경험으로 인생을 채울 기회라고 생각할 것인가? 어떤 미래를 원하는가? 불확실한 상황에 처한 자신에게 실망하지 말고 그 상황을 어떻게 하면 자신에게 유리하게 만들 수 있을지 생각해야 한다.

결코 불안에 잠식당하지 말라. 불확실한 상황은 단지 현재일 뿐이다. 상황은 변하기 마련이다. 세상 만물이 변화하듯이 상황도 언젠가는 바뀐다. 세상의 비바람을 헤쳐 나갈 수 있는 것은 오직 사람의 마음속에 존재한다. 그 힘을 꺼내어 삶을 살아갈 것인지 아니면 불안과 불확실성에 잠식당할 것인지는 우리의 선택에 달려 있다.

나는 10년 동안 지옥 같은 고통 속에서 보냈지만, 지금 돌아보면 그때 가장 많은 행복을 발견했다. 고통이 오지 않으면 사람은 행복이 무엇인지 알 수 없다는 것. 그래서 고통과 행복은 한 쌍일 수밖에 없다는 것. 가장 고통스러운 시간이 되돌아보니 가장 소중한 시간이었다.

더 이상 떨어질 곳이 없는 낭떠러지에서 내 안의 회복탄력성을 일깨우며 재기할 수 있다는 희망을 품었다. 이 책을 읽는 독자님들에게도 무너지지 않고 다시 일어설 수 있는 마음의 힘을 전하고 싶다. 성공은 성공할 때까지 반복한 실패의 결과다. 지금은 역경과 시련의 터널을 지나고 있을지라도 이 터널은 언젠가는 끝이 난다. 우리는 터널의 끝에 도달했을 때 더 단단해진 나 자신을 만날 준비를 해야 한다.

차 례

4장 회복탄력성을 삶과 연결하는 방법

1장

역경을 뛰어넘는
사람들의 비결

지금까지 수많은 실패와 시련 때문에 괴로웠다면 이제는 과거의 나를 안쓰럽게 여길 수 있을 것이다. 고통까지 경쾌하게 뛰어넘을 줄 아는 연륜이 생길 것이다. 인생은 까마득한 계단을 오르는 일이다. 연륜은 그동안 내 다리로 올라왔던 무수한 계단들이 만들어준다. 그러니 오늘 힘들더라도 손잡이를 잡고 한 걸음이라도 올라가보자. 지금까지의 나를 조망할 수 있는 풍경이, 다른 계단 참이 나타날지 모르니.

지금 우리에게는
회복의 기술이 필요하다

우리는 그 어느 때보다 불확실한 환경에서 살아가고 있다. 과학기술은 하루가 다르게 눈부시게 변화한다. 윈도우 7에 겨우 익숙해지는가 싶더니 윈도우 7은 이제 보안지원조차 되지 않는다. 식당은 이제 사람이 주문을 받지 않는다. 테이블마다 메뉴선택과 결제까지 이루어지는 키오스크 시스템이 자리 잡았다. 키오스크에 익숙지 않은 사람은 식당에서 밥을 먹기조차 힘들어졌다.

코로나 같은 전 지구적 위기가 와서 하루아침에 많은 사람이 생계수단을 잃고 한 치 앞을 내다볼 수 없을 정도로 갑자기 어려워졌다. 시간이 지나고 다시 일상으로 돌아와 삶을 살아가고 있지만 아직 우리 모두 그 여파를 감당하고 회복하는 단계에 있는 것은 분명하다. 그래서 최근에는 회복하는 기술, '회복탄력성'이 더욱더 주목을 받고 있다. 회복탄력성은 삶에 어려움이 닥쳤을 때 꺾이지 않고 다시 일어서게 하는 마음의 힘을 말한다.

불확실한 미래를 헤쳐 나가야 하는 우리의 삶과 회복탄력성은 밀접한 관련이 있다. 회복탄력성은 어려움과 도전에 대처하는 능력을 말하며, 불확실한 미래에 대처하는 것은 어려움과 도전에 직면하는 것이다. 불확실한 미래에 대처하기 위해서는 회복탄력성을 발휘하는 것이 중요하다.

회복탄력성은 미국의 심리학자인 앤드류 샤테와 캐런 레이비치가 2002년 발간한 책《The Resilience Factor 7 Keys to Finding Your Inner Strength and Overcoming Life's

Hurdles》을 통해 50년간 연구한 회복력 기술을 소개한 이후로 신경과학과 뇌과학의 발달에 의해 후천적 개발이 가능하다는 주장이 계속되어 왔다. 회복탄력성은 우리 모두에게 내재돼 있는 마음의 힘이자, 그것을 이끌어내기만 한다면 후천적으로도 개발할 수 있다는 의미다.

바람이 불면 강한 나무라도 결국 뿌리뽑힌다. 고집이 세거나 성격이 너무 완강하면 주변과 원만하게 어울리기가 쉽지 않다. 하지만 유연한 고무줄처럼 융통성과 여유를 지닌 사람은 주변에 따라 잘 적응한다. 오늘날처럼 변화가 많은 사회에서는 무엇보다 중요한 생존능력이 바로 유연함, 탄력성이다.

회복탄력성이란 자신과 주변 사물에 대해 얼마나 유연한 태도를 가지고 있느냐로 결정된다. 공은 탄성이 있어 튀어 오른다. 고무줄은 탄성이 있어 잡아당기면 늘어난다. 빠르고 복잡한 세상에 적응하려면 공이나 고무줄 같은 유연함이 절실하다.

삶은 크고 작은 역경으로 이루어져 있다. 아무리 피하고 싶어도 시련과 실패는 인생의 피할 수 없는 동반자다. 누군가는 작은 시련에도 폭력이나 중독으로 스트레스를 해소하며 파멸의 길로 들어선다. 하지만 누군가는 시련과 실패를 도약의 발판으로 삼는다. 커다란 성취는 언제나 돋보이지만 성취라는 커튼을 조금만 열어봐도 실패와 역경이라는 과정이 있음을 알게 된다.

15년 동안 독서를 하면서 가장 흥미로운 분야는 역시 사람 이야기다. 위인전처럼 무조건 훌륭한 사람으로만 바라보는 관점이 아니라, 한 인물을 다양한 관점에서 객관적으로 바라보는 '평전'이라는 장르가 있다. 평전으로 남을 만큼 인류사에 커다란 발자국을 남긴 사람들의 공통점은 삶을 바라보는 남다른 '관점'이었다.

그들은 불행한 사건이나 실패에 대한 인식이 남달랐다. 역경이 닥쳐도 부정적으로 상황을 인식하지 않고, 문제 해결에 집중한다. 오히려 이 과정을 더 큰 성취를 이루는 데 사용하는 영민함을 보여준다. 인생의 밑바닥에서 다시 튀어 오르는 경험은 돈 주고도 사지 못한다. 직접 실패나 시련을 겪어봐야 그 과정을 오롯이 자신의 성장을 위한 발판으로 삼을 수 있다.

인생에 크고 작은 시련과 실패가 없다면 남다른 관점을 키울 기회가 없는 셈이다. 사람이 궁지에 몰리면 완전히 다른 시선으로 세상을 바라보게 된다. 우리는 항상 의미부여가 필요한 존재다. 시련이나 실패가 피할 수 없는 인생의 동반자라면 여기에 어떤 의미부여를 할 것인가? 신세한탄하며 자신을 파멸로 이끌 것인가? 아니면 처한 상황을 남다른 관점으로 해석하고 이것을 도약의 기회로 삼을 것인가?

시련은
인생의 또 다른 면을 볼 수 있는 특권

　살면서 감기를 피할 방법은 없다. 과로를 해서 면역력이 약해졌을 때나 일교차가 들쑥날쑥한 환절기 때 대부분 감기에 걸린다. 또, 언제 어디서 병균이 옮은 건지, 정확한 원인이 무엇인지도 모른 채 걸리기도 한다. 2-3일 앓다가 나을 수도 있고, 열흘 넘게 괴롭히는 지독한 독감도 있다. 하지만 대개는 회복한다. 한 달 내내 감기에 시달린 적도 있었지만 결국 언제 그랬냐는 듯이 멀쩡해진다. 그렇게 회복하는 경험으로 감기는 죽을병이 아니라는 걸 알아간다.

살다 보면 비를 맞기도 하고 감기에 걸리기도 한다. 일기예보와는 다르게 폭우가 쏟아지기도 하고 세상을 삼킬 듯 긴 장마가 이어지기도 한다. 장마가 내려온 세상이 습기로 가득 찰 때는 지구가 멸망할 것 같다. 비를 맞는 당사자는 괴롭다. 폭우가 내리면 한 걸음 한 걸음이 무겁다. 하지만 폭우도, 장마도 언젠가는 끝이 난다.

감기나 비를 피할 수 없듯이 인생도 마찬가지다. 그렇다면 중요한 것은, 인생에서 피할 수 없는 시련과 아픔을 어떤 관점에서 바라보는가다. 시련은 시간에 풍화되어 재구성되고 회복은 아름다운 이야기로 남는다. 고난에 주저앉지 않고 오히려 이것을 극복한 스토리는 자신만의 인생 콘텐츠가 된다. 아픔을 낫지 않는 상처로 내버려두지 않고 꽃처럼 피워낸 이야기는 언제 들어도 사람들의 심금을 울리고 용기를 준다.

존 오리어리는 아홉 살이라는 어린 나이에 전신 3도의 화상을 입고 생존 확률이 1%도 되지 않는다는 선고를 받는다. 그녀의 어머니는 아들에게 너무 큰 고통을 감내하는 것이 어려우면 죽음을 선택해도 좋다는 말을 할 정도로 지옥같은 나날을 보낸다. 하지만 그는 전신 3도의 화상을 이겨내고 기적처럼 살아남았다. 자신의 경험을 전하고자 미국 전역으로 강연을 다닐 정도로 회복되었다.

그의 삶은 우리에게 중요한 사실을 깨닫게 한다. 인생에서 수많은 도전과 시련을 피할 수는 없지만, 그 사건을 어떻게 바라보고 어떻게 대처하는가는 스스로의 선택이다. 존 오리어리는 매일 죽음의 문턱을 오가며, 끔찍한 고통을 극복하고 자신에게 찾아온 비극을 인생의 '변곡점'으로 만들었다. 삶의 질과 기쁨의 정도, 위기를 기회로 바꾸는 능력은 관점에 따라 확연한 차이가 있다.

가장 비참한 날에도 스스로를 위로하고 회복한 경험은 비로소 타인을 이해하고 그들의 아픔을 위로할 수 있는 자격이 생긴다. 내가 겪어보지 못한 일을 헤아리기란 쉽지 않기 때문이다. 아무 고통도 겪어보지 못한 사람의 위로는 울림을 주지 못한다. 인간은 상처 입은 자이기도 하지만 치유자이기도 하다. 아무런 고통 없이 위대한 성취를 이룬 사람은 없다는 말을 상기해보면 고통과 시련은 인생의 또 다른 면을 볼 수 있는 특권이다.

우리가 겪는 일들은
더 나은 곳으로 향하는 계단들

마흔이 되니 각종 의무와 산더미 같은 일들 때문에 쉴 틈이 없다. 20대는 진정한 성인이 되기 위해 미숙하더라도 스스로 선택하고 책임져야 하는 상황을 대비하는 시절이었다. 30대는 한 사람의 사회인으로서 할 일을 제대로 해낼 수 있도록 준비하는 시간이었다. 40대는 직업인으로 최전성기를 맞이해야 함과 동시에 사회와 가정에서 중추가 될 준비를 하는 기간이다.

20대 때는 갑자기 주어진 많은 자유를 다루기가 버겁다. 방종과 자유를 구분하기 어려워서 좌충우돌하며 흑역사를 여럿 남긴다. 하지만 이 시기가 없다면 다가오는 30대에 적응하기 힘들다. 30대는 한 사람 몫을 해내려고 부단히 달려가는 시기에 해당한다. 달려가다 넘어지기도 하면서 각종 상처가 난무한다. 너무 열심히 달려서 번아웃이 오기도 한다. 그렇게 원숙해지며 40대를 맞는다.

40대는 30대에 고군분투하며 얻은 각종 상처 위에 굳은살이 달라붙어 노련하다. 감속과 가속을 할 시기를 적절하게 판단하며 체력이 아닌 노하우로 일을 한다. 우리가 실수와 상처를 얻으며 걸어온 지난날들은 미래로 향하는 계단이 되어주었다. 그 계단을 오르는 일이 힘에 부치기도 하지만 지금껏 올라온 계단을 보며 다시 힘을 낼 수 있다.

계단을 올라가다 보면 도중에 만나게 되는 평탄한 면이 있다. 이것을 계단참이라고 부르는데, 위험 방지, 잠시 휴식하는 용도, 진행 방향 변경의 구실을 한다. 인생은 까마득한 계단을 오르는 일이다. 긴 계단을 오를 때 반드시 필요한 구간이 계단참이다. 그 구간을 지날 때 감정이 복잡해질 수밖에 없다. 올라온 만큼 달라지는 관점과 풍경 때문이다. 그렇게 우리는 나이 들어가는 게 나쁘지 않다는 걸 깨닫게 된다.

시간이 흐르면 예민한 성격도 수그러든다. 예전 같으면 날카롭게 반응했을 일도 '그럴 수도 있지'라며 넘어갈 수 있게 된다. 너그러워지는 정도는 아니더라도 날이 선 채로 살아가면 그만큼 피곤하다는 것을 알고 거리를 두게 된다. 존재하지도 않는, 존재할 수도 없는 완벽함을 추구하느라 안달복달한 지난날의 자신이 안쓰럽기까지 하다. 이제 무엇이 중요하고 무엇이 중요하지 않은지 어렴풋하게 분간할 수 있다. 이를 위해 그동안 숱한 흑역사를 남기고 번아웃이 올 만큼 내달렸다.

잠시 숨을 고르기 위해 계단참에 서서 그동안의 시간을 바라보니 거저 얻은 건 아무것도 없었다. 이것저것 실수하고 좌절과 실패를 겪으니 나답지 않은 것에서 해방되었다. 나다워지자며 수많은 계단을 오르니 달라진 풍경이 보인다. 이제는 남들 따라 모든 걸 잘하려 하지 않으니 여유로운 삶이 펼쳐질 것이다. 더 이상 스스로를 괴롭히지 않을 것이다. 수많은 계단을 거쳐 의욕의 노예처럼 살던 삶에서 해방되고, 타인의 욕망에서 벗어났다.

지금까지 겪은 실패와 시련으로 인해 충분히 괴로웠다면 이제는 과거의 나를 안쓰럽게 여길 수 있을 것이다. 고통까지 경쾌하게 뛰어넘을 줄 아는 연륜이 생길 것이다. 연륜은 그동안 내 다리로 올라왔던 무수한 계단들이 만들어준다. 그러니 오늘 힘들더라도 손잡이를 잡고 한 걸음이라도 올라가보자. 지금까지의 나를 조망할 수 있는 풍경이, 다른 계단참이 나타날지 모르니.

실패에 유연하고
성공에 도전적인 태도

되돌아보니 실패를 할 때 가장 많이 배우고 성장했다. 수많은 실패의 경험이 없었다면 성장은 멈추었을 것이다. 맨땅에 헤딩할 때가 가장 아프지만 대신 가장 많이 배울 수 있다. 우리의 삶이 더 나은 것을 향해 나아가고, 우리 자신이 성장하는 동안 실패는 피할 수 없다. 피할 수 없다면 기꺼이 실패를 받아들이자.

주역에서 극과 극은 닮아 있다고 한다. 성공과 실패는 사

실 한 몸이다. 실패가 있어야 성공이 있고 성공이 있어야 실패
가 있다. 둘 중 하나만 선택하라고 한다면 당연히 성공만 고
르겠지만, 성공과 실패는 한 쌍이라 둘 중 하나만 선택하는 건
애초에 불가능하다. 실패와 성공은 번갈아가면서 경험하는
것이다. 아무리 실패가 싫고 성공만 하고 싶다고 해도 절대 실
패 없는 성공만 맛볼 수는 없다.

9천 번 슛에 실패했다. 300번에 달하는 경기에서 패배했
다. 사람들이 그를 믿고 결승 슛을 맡겼을 때는 26번 실패했
다. 그는 실패하고 또 실패하고 또 실패했다. NBA 역사상 가
장 많은 타이틀을 보유한 마이클 조던의 이야기다. 농구의 신
이라 불리는 조던의 농구 인생은 성공만큼 실패가 많았다. 하
지만 그는 실패에 대한 생각을 바꾸고 항상 새로운 도전을 시
작했다. 실패를 통해 우리가 아는 마이클 조던으로 거듭날 수
있었다.

실패를 통해 가장 많이 배운 것은 실패를 대하는 관점이
다. 한두 번 한다고 잘 될 리가 없다는 걸 알고 나면 오히려 마

음이 편해진다. 누구나 처음 하는 일은 익숙지 않다. 실패도 경험하지 않으면 어색하다. 피하고만 싶어진다. 하지만 실패를 여러 번 경험하면서 그 안에서 배우고 성장한다면 실패가 곧 성공으로 가는 지름길임을 깨닫게 된다. 깨달음은 공짜로 주어지지 않는다. 치열하게 도전하고 부딪치는 사람에게 트로피처럼 주어지는 것이 깨달음이다. 깨달은 자는 절대 깨닫기 전의 자신으로 돌아가지 못한다. 이것이 깨달음의 깊이다.

경험은 돈 주고 살 수 없는 소중한 자산이 되어 돌아온다. 스티브 잡스는 애플에서 해고되었던 일이 자신이 겪은 가장 멋진 일이라고 했다. 젊은 날부터 승승장구했던 스티브 잡스는 오만했다. 그는 성공에 취해 겸손을 배울 기회가 없었다. 매킨토시의 실패를 인정하지 않으려 했고, 직원들에게 거침없이 모욕적인 말을 했다. 이러한 태도 때문에 그는 결국 자신이 펩시콜라에서 영입한 존 스컬리에 의해 애플에서 쫓겨나게 된다. 스티브 잡스는 이 시기를 교만한 자신에게 꼭 필요했던 쓰디쓴 약과 같았다고 회고한다.

스티브 잡스는 쓰디쓴 실패를 통해 유연한 태도를 배웠다. 애플에서 쫓겨났다고 세상이 끝난 건 아니었기 때문이다. 그는 시간 여유를 허투루 쓰지 않고 자신의 강점을 다시금 발휘했다. 고사양 컴퓨터 회사 NEXT를 만들고, 애니메이션을 제작하며 소프트웨어와 하드웨어, 콘텐츠 사업을 두루 경험한다. 이 경험은 훗날 잡스가 애플에 돌아와서 애플 뮤직과 애플 스토어를 만드는 데 결정적인 도움을 준다.

사람은 실패를 겪으면 자동으로 겸손해진다. 이것이 실패의 미덕이다. 이 겸손한 태도는 성공을 향한 밑거름이 되어준다. 겸손하지 않으면 성공할 수 없다. 잡스가 젊은 날 오만불손한 태도로 애플에서 쫓겨나지 않았다면 지금 우리가 아는 애플은 존재하지 못했을 것이다. 겸손은 지혜를 선물한다. 성공은 지혜를 얻은 후에 따라오는 부록 같은 것이다.

알 수 없는 미래를
헤쳐 나가는 힘

　인생은 계획대로 풀려 나가지 않는다. 인생의 묘미는 항상 미지의 가능성을 동반한다는 데 있다. 매 순간 삶은 우리에게 불안과 불확실이라는 상자를 안겨준다. 사람이라면 탄생과 더불어 숙명처럼 품고 가야 할 이 상자 안에는 대담함과 용기도 같이 들어 있는데, 불안과 불확실이라는 중압감으로 인해 겁을 먹은 사람은 상자를 풀어보지도 못한 채 생을 마감한다.

　실패를 좋아하는 사람들이 있다. 바로 성공한 이들이다.

그들은 성공의 트로피만큼이나 중요한 것이 실패에서 얻을 수 있는 근력이라고 말한다. 실패를 맛보고 그 노하우를 자신의 것으로 만든 사람은 다시 도전하는 걸 두려워하지 않는다. 경기가 둔화되고 불확실한 상황에서도 실패에서 배운 상세한 정보라는 자산이 있기에 기회를 포착하고 성과를 기회로 만드는 역량이 축적된 상태이다. 이 역량이 바로 성공을 만드는 핵심이다.

실패와 불확실한 미래를 헤쳐 나가는 힘은 밀접한 관계가 있다. 실패는 우리가 예상하지 못한 상황에서 발생한다. 예상할 수 있다면 실패하지 않을 것이다. 그래서 실패를 겪으면 큰 상처를 입기도 하고 좌절하기도 한다. 실패를 극복하고 일어나는 과정에서 사람은 더욱 강해진다. 미래는 예측하기 어렵고 불안을 유발한다. 성공과 실패의 간극을 좁히기 위해 대처 방안을 모색하는 과정에서 예상하지 못했던 자신의 능력을 발견하기도 한다.

실패를 경험한 사람은 유연하다. 반드시 성공해야 한다는 부담이 없기 때문이다. 유연함은 회복하는 데 중요한 요소 중 하나다. 유연할수록 빠르게 회복할 수 있다. 부담감이 없는 사람은 도전을 망설이지 않는다. 이미 실패를 경험해보았기에 다시 실패한다 해도 성공을 향한 데이터가 누적된다는 것을 알기 때문이다.

이것을 가장 잘 아는 사람 중 한 명이 바로 토머스 에디슨이다. "나는 실패한 적이 없다. 다만 되지 않는 1만 가지 방법을 찾았을 뿐이다"라는 그의 말은 발명이라는 불확실한 상황을 어떻게 타개해 나갔는지 알려주는 명언으로 지금까지 회자되고 있다.

에디슨의 1만 번의 실패는 실패의 범위가 성공보다 훨씬 크다는 것을 말해준다. 실패를 하는 근본적 원인은 도전했기 때문이다. 성공의 원인을 실패라고 본다면 불확실한 미래가 더 이상 불안하게만 보이지 않을 것이다. 성공의 이면은 언제나 실패가 든든하게 자리 잡고 있다.

성공의 기반인 실패가 든든하지 않다면 사상누각(砂上樓閣)에 불과하다. 기초가 허술한 모래 위에 누각을 지으면 오래가지 못한다. 기초는 실패다. 실패라는 기초를 탄탄히 쌓아 올린 끝에 성공이 온다면 무너지지 않는다. 하지만 지나가는 운으로 실패 없는 성공을 만든다면 그 성공은 재앙이 될지도 모른다. 9패는 탄탄한 기초다. 1승은 9개의 단단한 기둥으로 쌓아 올린 성공이다. 9패를 맛본 자는 미래가 두렵지 않다. 9패 뒤에 있을 1승을 기다리고 있기 때문이다.

최선책은 하나지만
차선책은 무한하게

인생에 있어서 '반드시'라는 건 없다. 반드시 아이돌이 되어야지, 반드시 대기업에 입사해야지, 반드시 서울에 살아야지. 이런 '반드시'라는 생각이 사람의 시야를 좁게 만든다. 아이돌이 되지 않아도 인생은 행복할 수 있고, 대기업에 들어가지 않아도 돈 버는 방법은 많으며, 서울에 있지 않아도 문화혜택과 기회를 누리며 쾌적하게 살 수 있다.

'반드시 ○○해야 해'라고 할수록 계획대로 되지 않는다. 애초에 계획이라는 것이 내가 아는 범위에서만 비롯하기 때문에 가능성을 좁혀버리기도 한다. 하지만 계획대로 되지 않아도 괜찮다. 오히려 계획대로 되지 않는 편이 훨씬 좋은 결과를 양산한다. 변화가 빠르고 변동이 큰 시대에는 최선책이 차선책이 되고 때로는 차선책이 최선책이 될 수도 있기 때문이다. 최선책 하나만 고집하면 오히려 거기에 매몰되어 더 좋은 기회가 와도 눈에 들어오지 않는다. 지금 최선이 나중에도 여전히 최선이란 법은 없다.

포스트잇으로 유명한 기업 3M은 차선책이 최선책보다 좋은 결과를 내는 일을 여러 번 경험했다. 포스트잇 자체가 실패한 접착제에서 탄생한 메모지이기 때문이다. 3M에서 초강력 풀을 개발 중이던 당시, 그 과정에서 접착력이 덜한 풀을 책갈피나 메모지 용도로 활용해보자는 아이디어가 떠올라 탄생한 제품이 포스트잇이다. 초강력 풀이라는 최선책보다 접착력이 덜한 풀이라는 차선책이 뛰어났던 것이다. 만약 3M이 초강력 풀에만 집착해서 접착력이 덜한 풀에는 작은 관심조차 없었다면 어떻게 되었을까?

3M의 역사는 120년이 넘었다. 지금은 사무용품, 접착제, 필름 등 수많은 특허를 보유한 기업이지만 3M의 시초는 광물 채굴 업체였다. 1902년 미네소타에서 광물을 채굴하다 광석이 질이 낮아 사업이 좌초되자 금속연마에 쓰이는 사포를 제조하는 업체로 거듭나게 된다. 만약 그때 3M이 광물 채굴업을 계속해서 고집했다면 지금의 3M이 존재할 수 있었을까?

스카치테이프, 포스트잇 등 혁신적인 상품을 계속해서 개발할 수 있었던 이유는 최선책에 집착하지 않는 3M의 유연한 기업문화에 있다. 3M의 핵심 철학은 혁신, 다양화, 노동자 지원이다. 3M에서 운영하고 있는 '15%의 법칙'이라는 제도는 차선책에 열려 있는 기업문화를 잘 보여준다. 모든 직원이 근무시간 중 15%를 상사에게 보고할 필요 없는 자신만의 프로젝트를 운영하는 것인데, 포스트잇도 이 15%의 법칙을 통해 나온 결과물이다.

최선책을 위해 달려가던 중 나타나는 수많은 차선책은 때론 최선책보다 훨씬 좋은 선택이 될 수 있다. 최선을 다하되 결과는 하늘에 맡기라는 진인사대천명(盡人事待天命)의 진정한 의미는, 최선을 향해 나아가다 보면 최선보다 뛰어난 차선책이 나올 수 있으니 너무 결과에 연연하지 말라는 뜻이 아닐까.

일상이 탄탄하면
흔들리지 않는다

인생은 한방이 아니다. 한 방으로 이루어진 것은 한 방으로 끝난다. 인생 한 방의 대명사는 로또다. 수많은 당첨자 가운데 쉽게 돈을 얻은 만큼 쉽게 날려버리는 경우가 있다. 반대로 당첨이 되어도 흥청망청 쓰지 않고 본래의 삶을 건실하게 살아가는 사람도 있다. 왜 이런 차이가 생기는 걸까? 무엇이 한 방의 큰 행운을 지옥행 열차로 보내고, 무엇이 지속적인 부와 평온한 삶을 누리게 했을까?

그 원인은 일상에 있다. 일상을 차곡차곡 쌓아 나간 사람과 그렇지 않은 사람의 차이가 행운이냐 불행이냐 방향을 결정 짓는 나침반 역할을 한다. 일상을 튼튼하게 가꾸어 나가는 사람은 갑작스러운 행운을 재앙으로 만들지 않는다. 안에서 새는 바가지는 밖에서도 새듯이 자신의 하루하루를 물 쓰듯 흘려보낸 사람은 갑작스러운 행운을 재앙으로 만든다. 성실히 일상을 보내면서 튼튼한 둑을 만들지 않았기 때문이다.

낮은 둑은 조금만 비가 와도 무너진다. 하지만 높은 둑은 다르다. 외부상황이 아무리 출렁여도 일상이 탄탄하면 흔들리지 않는다. 아무리 일확천금이 생겨도 일상은 달라지지 않는다. 일상이 탄탄하다는 의미는 마음이 평온한 상태를 말한다. 탄탄한 일상이란 곧 자기 할 일을 다 하는 지금 이 순간을 뜻한다. 지금을 살지 않으면 탄탄한 일상을 가꾸지 못한다. 현재에 충실하지 못한 자는 마음이 좌불안석이다.

지금 할 일을 자꾸 내일의 나에게 토스하거나 마음이 일상보다 이벤트라는 콩밭에 가 있다면 현재의 자신에게 충실할 수 없다. 지금 현존하고 있는 장소에 두 발을 딛고 있어야 탄탄한 일상을 만들어 갈 수 있다. 마음이 자꾸 일상이 아닌 콩밭에 가 있다면 현재에 집중할 수 있을까? 이것은 마치 사랑하지 않는 사람과 일상을 보내면서 마음은 사랑하는 사람에게 가 있는 것과 마찬가지다. 이런 일상이 이어지면 지난날을 돌아봤을 때 충실하지 못한 하루하루만 가득하다. 현재에 충실히 집중한 결과로 미래의 결실을 얻어야 한다.

오늘 내가 지금 이 순간들로 만든 현재가 벽돌처럼 쌓여서 미래의 나로 연결된다. 현재의 나는 과거의 내가 차근차근 쌓아온 것들의 결과다. 오늘 뿌린 씨앗은 반드시 연결되어 미래의 내가 수확을 거둔다. 매일 뿌린 씨앗은 결코 홀로 성장하지 않는다. 씨앗은 싹을 틔워 줄기를 이루고, 매일 자라 다른 씨앗들과 연결되어 단단한 가지를 만든다. 제법 튼튼해진 가지는 더 깊고 촘촘한 연결망을 만들어 뿌리를 깊숙하게 내린다. 깊숙이 내린 뿌리는 더 깊숙하게 내린 수많은 씨앗과 연결되어 숲을 이룬다.

인생이라는 숲을 울창하게 가꾸려면 하루하루 어떤 씨앗을 심었는지가 중요하다. 씨앗을 오늘 뿌렸다고 내일 당장 수확할 수 있는 건 아니다. 열매가 빨리 열리지 않는다고 오늘 씨앗 심기를 중단하면 작은 비바람에 쓰러지고 만다. 하지만 오늘 씨앗 심기를 멈추지 않고 탄탄한 숲을 만들어두면 언제든 강한 비바람에도 쓰러지지 않는다.

앞으로의 나를 만드는 건
지금의 나

자기 전에 오늘 하루를 후회했는가? 아니면 뿌듯해 했는가? 오늘은 새로운 미래다. 오늘은 새로운 현재다. 오늘은 새로운 과거다. 오늘을 놓치면 과거와 미래 현재 모두를 잃는다. 오늘을 후회하지 말라. 평생을 후회하게 된다. 오늘을 미적지근하게 보내면 평생의 오늘을 그렇게 살게 된다. 청춘은 손안의 모래보다 빨리 흩어지고 인생의 겨울은 생각보다 빨리 찾아온다.

우리는 오늘, 지금, 바로 이 순간 변화할 힘을 가지고 있다. 우리는 매 순간 선택을 하고, 그 선택에 따라 삶은 조금씩 변화한다. 인간은 자신이 능동적으로 삶을 꾸려갈 수 있는 힘, 즉 자기 통제권이 있다는 걸 깨닫게 되면 변화한다. 자기 통제권은 오늘 하루, 지금의 나를 선택할 엄청난 힘이다. 앞으로의 나를 만드는 건 지금 현재의 나이며, 동시에 미래의 나도 만들어 나가고 있다. 현재의 행동과 선택이 미래의 나를 만들고 있다는 점을 인식하는 것만으로도 삶의 통제권이 자신에게 있음을 알 수 있다.

그러기 위해서는 현재 자신의 상태를 솔직하게 파악하고 이를 그대로 받아들이자. 현재의 자신을 부정하고 진솔하게 인정하지 못하면 계속 현실도피를 할 가능성이 크다. 현실을 부정하면 그에 따른 어려움이나 문제를 인지하지 못한다. 또한 현실에 안주하거나 변화를 거부한다. 현실을 인정하고 받아들이는 것은 성장을 위한 첫걸음이다. 자신을 과도하게 축소할 필요도 없고, 필요 이상으로 부풀릴 필요도 없다.

현실을 부정하고 왜곡하는 것은 일시적으로 문제를 해결하고 위안을 주는 듯 하지만, 장기적으로 자신을 속이고 현실에서 멀어지게 만들 수 있다. 자신을 속이는 사람은 진정한 의미로 현재에 살지 못한다. 항상 현실을 피해 도망만 다니고 있는 셈이다. 지금 있는 그대로의 현재를 받아들여야 새로운 내일을 만들어 갈 수 있다. 중요한 건 있는 그대로의 내 모습을 인정하고 사랑해주는 것이다.

다른 사람이 되지 않아도 괜찮다. 자신의 모습을 거부하지 않고 있는 그대로 받아들이는 것을 자기수용이라고 한다. 자기수용은 정체된 것을 의미하지 않는다. 자신이 아닌 모습으로 억지로 꾸미는 것이 아니라 시작점을 자신으로 두고 발전해 나가는 것이기 때문에 심리적인 안정감도 커져간다.

심리적인 안정감이 있어야 감정에 휘둘리지 않는다. 현재의 중요성을 깨닫고 미래의 행동으로 이어지는 지속성을 가질 수 있다. 자기수용은 회복탄력성과도 밀접한 관계가 있다. 자기수용은 심리적 유연성이 필요하다. 고정관념이나 특정한 개념적 틀에 매이지 않고, 현재를 있는 그대로 바라본다.

심리적 유연성은 상황에 따라 대처방식을 바꿀 수 있는 능력을 말한다. 어려운 상황을 타개해내는 힘과도 관련이 깊어 회복탄력성과도 상호작용하며 개인의 성장과 발전에 큰 영향을 미친다. 회복탄력성과 심리적 유연성이 있는 사람은 경험을 열린 마음으로 받아들이고, 새로운 도전을 두려워하지 않으며, 자신의 가치관에 따라 적극적으로 행동한다.

지금 자신의 모습을 있는 그대로 인정하는 것은 새로운 미래를 위한 선택이다. 운명은 정해져 있지 않다. 운명은 오늘 나의 선택과 행동으로 하나하나 엮어 나가는 것이다. 있는 그대로의 자신의 모습을 수용하고, 인정하고, 사랑해준다면, 운명은 당신의 손에 달려 있음을 알게 될 것이다.

일찍 책장을 덮지 말라.
삶의 다음 페이지에서
또 다른 멋진 나를 발견할 테니.

─ 시드니 셸던

2장

내 안의 회복탄력성을 이끌어내는
8가지 질문

눈으로 책을 읽지 못할 정도로 마음이 힘든 날은 여지 없이 노트를 펼치고 펜을 붙잡는다. 사각사각 한 글자씩 꾹꾹 눌러쓰다 보면 어느새 책의 저자와 한 마음, 한 뜻이 된다. 세상의 시름을 잊으려 했던 필사를 통해 나는 그렇게 조금씩 다른 사람이 되어갔다. 매일 하는 일이 바뀌면 그 일이 나를 바꿔준다. 그 것이 내 마음의 근력을 길러주어 단단한 사람으로 거듭나게 한다.

처음 하는 일은
일단 피하려고 하는가?

능숙하지 않은 일은 일단 피하려고 하는 게 사람의 본능이다. 잘하지 못하는 이유는, 자주 해보지 않아서 그 일에 대한 신경망이 아직 뇌에 형성되어 있지 않기 때문이다. 신경망을 새로 만드는 일은 에너지를 평소보다 많이 소모하기 때문에 우리 뇌는 본능적으로 처음 하는 일은 피하고 본다. 하지만 그렇게 피하기만 하면 무엇을 이룰 수 있을까? 세상은 변화를 거듭하고 있는데 나만 새로운 일을 피하려고 한다면 그건 정체도 아닌 퇴보다. 익숙한 일만 하면 발전과 성장 없는 삶을 살게 된다. 무난하고 안전한 길만 택한다면 제자리걸음일 뿐이다. 처음 하는 일도 대담하게 개척해 나가야 성장할 수 있다.

처음 하는 일에는 여러 가지가 있다. 무언가 배우는 일, 새로운 길로 가보는 일, 익숙지 않은 모든 것에 도전하는 일, 모두 처음이라고 피하고 다음으로 미룬다면 계속 알지 못하고 잘하지 못한다. 처음 시작하는 일은 누구나 미숙하다. 그렇기에 처음 하는 일에 대담한 사람은 변화가 빠른 세상에서 절대적으로 유리한 고지를 차지할 수 있다.

주민센터에서는 어르신들을 위한 키오스크로 주문하기, 스마트폰 활용부터 디지털 아트, 시니어 웹툰 등 변화하는 세상에 적응하기 위한 다양한 학습 프로그램이 있다. 젊은 시절부터 처음 하는 일에 익숙한 사람은 배우는 걸 두려워하지 않기 때문에 변화된 세상에 적응이 빠르다. 첫발을 내딛는 용기로 경험을 쌓는다면 많은 것을 배울 수 있다. 변화가 필요한 세상에서 살아남는 자는 처음 하는 일을 피하지 않는 사람이다.

처음 하는 일을 두려워하지 않게 된다면 도전 자체를 어렵게 여기지 않는 유연함을 가질 수 있다. 유연함은 세상을 살아가는 데 꼭 필요한 덕목이자, 회복탄력성과도 깊은 관련이 있다. 끝까지 살아남는 사람은 한 번도 꺾이지 않는 사람이 아니라, 꺾이더라도 유연하게 다시 일어서는 사람이다. 처음 하는 일이 어렵다고 피하는 괴로움보다, 배우지 못하고 경험하지 못하는 편이 훨씬 더 불편하다. 소리 없이 기회를 다른 이에게 빼앗기는 것과 다름없다. 눈 딱 감고 일단 도전해보자. 생각했던 것만큼 어렵지 않을지도 모른다.

첫발을 뗄 때는 좋은 방법이 있다. 가능성을 알아보자는 가벼운 마음으로 일단 시작하는 것이다. 잠깐 해본 일이 직업이 될지, 삶을 바꾸는 기회가 될지 그건 아무도 모른다. 이것은 처음 하는 일을 두려워서 피하지 않는 사람들만 가지게 될 특별한 권리이다. 도전해본 수많은 일이 천직을 발견할 확률을 높인다. 가능성에 발을 한번 담가본다고 생각하면 마음의 부담이 줄어든다.

처음 도전해보는 일은 미숙할 수밖에 없다. 못하는 건 당연하고 점차 능숙해지면 괜찮다. 다만 시간이 걸릴 뿐이다. 시간을 쓸 만한 가치 있는 일이라면, 꾸준히 해 나가보자. 실력은 시간이 알아서 해결해줄 것이다. 처음 하는 일을 피해도 시간은 가고, 처음 하는 일임에도 불구하고 도전해도 시간은 간다. 아무리 붙잡고 싶어도 알아서 가는 시간이라면 어느 쪽을 선택하는 것이 삶에 도움이 될까? 선택은 늘 자신의 몫이다.

낯선 상황이
불편한가, 반가운가?

나는 학교를 다니기 싫어하는 아이였다. 학창 시절 내내 자퇴를 꿈꾸었다. 워낙 사교성이 없는 편이라 또래 아이들에게 먼저 다가가서 말을 걸기란 죽기보다 싫었다. 이런 나에게 특히 새 학기는 공포로 다가왔다. 반이 바뀌어 새로운 환경에 적응해야 하며, 새로운 친구를 사귀려고 노력해야 하는 새 학기는 견디기 힘들었다. 그런데 사회생활을 시작하고보니 어느새 내가 처음 보는 사람들과 농담도 편하게 주고받는 친화력 있는 인간이 되어 있었다.

인간은 사회적 동물이다. 학창 시절, 친구들에게 말 한마디 거는 일조차 어려워하던 내가 사회화를 겪으며 처음 보는 사람도 스스럼없이 대하고, 자연스럽게 화기애애한 분위기를 주도하며, 회의에서 논쟁도 두려워하지 않는 외향형 인간으로 진화했다.

스타트업에서 시작해 중견기업으로, 우리나라 대표 IT 기업으로 성장한 조직에서 직장생활을 하다 보니 회사는 계속 확장되고, 증가하는 팀원에 따라 세 달에 한 번 조직개편을 할 정도로 변화가 심했다. 그것뿐만이 아니었다. 역삼동에서 성수동으로, 성수동에서 분당으로, 사무실 이전만 세 번을 할 정도로 팽창 속도가 빨라서 자주 처음 대면하는 상황이 생겼고, 낯선 사람들과 일해야 했다. 성격이나 취향의 차원을 넘어서 직장생활에서의 생존이 걸린 문제였기에 나는 반강제로 그렇게 외향형 인간이 됐던 것이다.

인간은 생각보다 유연하다. 환경 적응력이 빠르고 생존이 걸린 문제라면 어떻게든 해결하려는 본능이 있다. 그 본능을 깨워주는 환경이 반강제로 세팅될 수도 있고, 그렇지 않을 수도 있다. 하지만 이건 경험해보지 않는 한 알 수가 없다. 극소심쟁이라고 여겼던 나에게 파워 외향형 인간의 면모가 있었는지 누가 상상이나 했었을까.

때때로 우리는 낯선 장소, 낯선 사람들, 낯선 거리, 낯선 음식들, 온통 낯선 것들이 주는 불편함에도 불구하고 거금을 들여 기꺼이 여행을 떠난다. 인생은 여행이다. 우리는 낯선 것들을 경험해보려고 지구에 왔다. 낯선 것을 접하면서, 모르는 것을 배우거나 실험해보면서, 그렇게 익숙해지면서 우리는 나도 모르는 자신을 발견하게 된다. 낯선 상황은 새로운 기회를 만들어주는 창구 역할을 한다.

자신이 낯선 상황에 예민한 사람이라면, 무엇이 불안과 스트레스를 유발하는지 원인을 파악해보자. 과거의 경험 때문인지, 아니면 평소에 쌓인 스트레스나 피로 때문인지 말이다. 원인을 파악했다면 그런 자신과 상황을 있는 그대로 받아들이자. 또, 내가 소심한 성격이라면 두려움이나 불안을 피하려는 성향은 자연스러운 감정일지도 모른다. 자신이 그런 상황을 극복할 수 있는 작은 것부터 시도해보되, 낯선 상황이 지속될수록 새로운 경험을 쌓는다고 여기자.

낯선 사람이나 낯선 환경은 미지의 세계이다. 변화는 미지의 세계에 들어갈 수 있는 특급 찬스다. 새로운 발견을 할 수도 있고, 자신의 창의력을 시험할 수도 있으며, 도전 정신을 자극하기도 하기도 한다. 점점 경험치가 쌓이고, 반경이 넓어지면서 위기에 강한 개인이 될 수 있다.

우리가 미지의 세계를 두려워하는 이유는 불확실성 때문이다. 불확실한 상황이 와도 의연하게 받아들이고 나아갈 마음의 준비가 미리 되어 있다면 도약의 발판으로 삼을 수 있다. 이런 마음가짐을 자꾸 연습하다 보면 낯설고 두려운 상황이 와도 쉽게 포기하지 않고 긍정적으로 바라볼 수 있다.

낯선 상황이나 낯선 사람도 매일 겪다 보면 더 이상 낯설지 않다. 어느새 낯선 것도 익숙해진다. 사람은 그렇게 변해간다. 낯선 상황과 낯선 사람을 경험하지 않는다면 자신이 변화할 기회도 같이 없어진다. 낯선 것은 좋은 것이다. 내 안에 숨겨진 또 다른 자아를 발견할 수 있는 계기가 되어주니 말이다. 인간은 변화하는 생물이다. 세상도 쉬지 않고 변화한다. 낯선 것들은 우리의 변화를 촉진한다. 낯선 것들은 그 자체로 참 고맙다. 나를 세상에서 도태되지 않게 해주니 말이다. 멀리서 찾아온 손님인 낯선 상황과 낯선 사람을 두 팔 벌려 환영해주자.

나 자신의 평가보다
다른 사람의 평가가 중요한가?

    우리 사회는 평가의 기준이 획일화된 편이다. 검증된 것을 선호하고 행복의 기준도 정형화되어 있다. 상황이 이렇다 보니 사람들이 일반적으로 좋다고 하는 기준에서 조금만 벗어나도 불안하기만 하다. 삶의 중요한 갈림길에서 선택해야 할 시간이 오면 다른 사람의 의견부터 구하기도 한다. 중요한 선택뿐만 아니라 사소한 선택마저 대세를 따르기도 한다. 스스로 선택하고 판단하는 것보다 다른 사람의 선택이나 판단이 더 옳다고 믿는 경향이 생긴다.

자신의 선택을 믿지 못하니 선택에 있어서 항상 중요한 건 타인의 의견이다. 스스로의 가치관이 단단하게 서 있지 않은 경우에 다른 사람의 평가나 선택이 기준이 되어버리는 상황이 된다. 자신과 친하지 않은 사람일수록 타인의 평가에 목을 맨다. 확실한 선택의 기준은 자신이어야 한다. 주체적으로 선택한 경험은 최소한 후회는 남기지 않는다. 타인의 의견에 따라 이리저리 흔들리는 인생이라면 삶 전체를 타인에게 의탁한 것이나 다름없다.

불확실성 때문에 타인에게 의견을 구하고 다른 사람의 평가를 중요하게 여긴다면, 불확실성 또한 삶의 한 부분인 것을 받아들이자. 다른 사람의 평가가 좋다고 해도 그것이 원하는 결과를 얻어낼 수 있는 보증수표는 아니다. 조언을 구할 때 우리는 흔히 가장 가까운 가족이나 친구 혹은 직장 동료나 이웃에게 묻는다. 하지만 그 사람의 생각은 타인의 의견일 뿐이다. 결국 자신에게 집요하게 묻고 또 물어 결정하고 선택해야 한다.

자신의 결정이나 스스로의 평가에 주저하는 원인을 파악해야 타인의 평가에 휘둘리지 않는다. 왜 우리는 사소한 작은 결정도 내리지 못한 채 답보 상태에 이르게 되는가? 원인은 소신이 없어서이다. 소신이란 생각의 굳건한 상태를 뜻한다. 생각이 굳건하게 자리 잡았다는 것은 그만큼 생각한 시간이 많았다는 것을 의미한다. 우리의 삶은 타인이 판단할 수 없다. 그 누가 남의 인생을 함부로 판단할 수 있겠는가?

에세이라는 장르를 탄생시킨 프랑스의 사상가 미셸 몽테뉴는 모든 이들의 평가를 귀담아들었다. 하지만 그가 기억하는 것은 스스로 내린 평가뿐이었다고 한다. 타인의 평가를 귀담아듣기는 했지만 결국 자신의 소신으로 선택하고 행동한 것이다.

우리가 타인의 평가에 완전히 신경을 끄고 살기는 어려울지도 모른다. 그렇다고 삶을 타인의 기대에 장단을 맞추고, 타인의 평가에 따라 울고 웃게 된다면 자신의 인생은 조용히 사라지게 될 것이다. 우리는 이제 타인의 기대를 맞추고 타인의 평가에 무게를 두는 것이 과연 옳은 것인지 신중하게 따져보아야 한다. 과연 이것이 객관적이고 합리적인 결정인가? 그것을 가장 잘 아는 사람은 타인이 아닌 자신이다.

세상엔 다양한 선입견이 있고 그것이 옳든 아니든 타인이 나를 평가하는 기준이 되기 쉽다. 하지만 그 기준이 내가 추구하는 가치와 들어맞는다고 보장할 수 없다. 내가 추구하는 가치가 무엇인지 알지 못할 때 타인의 평가가 중요한 기준으로 흡수될 수밖에 없다. 왜곡되고 편협한 의견에 불과할지도 모르는 타인의 평가를 자신에게 적용한다면 꼭두각시로 전락할 수 있다.

타인이 나에 대해 내리는 평가가 왜곡되고 편협할 수밖에 없는 이유는, 나라는 사람을 다 알 수 없기 때문이다. 그의 시간과 관심도 한정적이라 나에게 모조리 쏟을 수도 없다. 타인은 내가 컨트롤 하지 못하는 영역이다. 살아가는 동안 타인의 시선과 기대, 평가를 피할 수 없다. 타인의 평가에 휘둘리지 않는 사람이 되기 위해서는 내면에 집중하는 시간이 필요하다.

내 인생의 방향은 스스로 정해야 한다. 선택도 마찬가지다.

다른 사람의 평가는 그들의 의견일 뿐이다. 타인은 그저 자신이 하고 싶은 말을 했을 뿐이다. 그 이상, 그 이하도 아니다. 우리가 타인의 평가에 신경 쓰지 않는다면 타인은 내 인생에 영향력을 발휘할 수 없다. 타인이 내 삶을 통제하게 내버려 두지 말라. 내 삶을 컨트롤 할 수 있는 것은 오직, 나. 자신의 판단뿐이다.

예상을 벗어난 선택지가 주어졌을 때
혼란스러운가?

한 인간의 삶을 예측할 수 있다면 그건 사람이 아니라 신이다. 틀에 박힌 사고방식이나 생활 방식에 익숙한 사람은 예상을 벗어난 선택지가 당황스럽다. 하지만 평소에 유연한 삶의 태도를 가진 사람이라면 예상을 벗어난 선택지가 주어졌을 때 오히려 그 상황을 흥미롭게 여긴다. 익숙하지 않은 것에 예상을 뛰어넘는 재미가 있기 때문이다. 이를 통해 또 한번 인생의 지평을 넓혀갈 수도 있다.

사람의 예상 범위는 그렇게 크지 않다. 자신의 예상을 벗어난 선택지는 인생에서 자주 나타난다. 나는 다시 고양이를 키울 수 있을 거라고 예상하지 못했다. 스무 살 무렵 분양받은 어여쁜 고양이가 온 집안에 똥 테러를 하는 바람에 원래 주인에게 되돌려준 마음 아픈 사건이 있었다. '미카'라는 이름의 치즈 고양이였고 작고 예쁘고 소중한 아이를 끝까지 책임지지 못했다는 죄책감에 20년 넘게 시달리고 있었기에 고양이를 다시 키울 자신이 없었다. 하지만 지금은 고양이 두 마리를 키우고 있고, 이것은 내가 전혀 예상하지 못했던 일이다.

남편은 고양이를 좋아해서 키우고 싶어 했다. 어느 날 고양이 카페에 가게 되었고, 20년 만에 고양이를 가까이 다시 접한 나는 이제 고양이를 키워도 괜찮겠다는 생각이 들었다. 마음 한편으로는 혹시 고양이가 예전처럼 온 집안에 똥 테러를 하면 어쩌나, 끝까지 책임지지 못하는 일이 생기면 어쩌나 하는 걱정도 있었지만 기우였다. 고양이와 함께 하는 생활은 단점보다 장점이 훨씬 많다. 이것 또한 내가 그동안 예상하지 못했던 일이다.

글 쓰는 사람은 고리타분하고 재미없을 거라고 여겼다. 내가 글 쓰는 사람이 되리라곤 전혀 예상하지 못했다. 중학교 때 글로 마음을 표현하는 걸 좋아하기는 했지만 작가가 되고 싶은 건 아니었다. 사람이 예상할 수 있는 범위는 그동안 쌓아온 지식과 경험한 영역 안에서 한정된다. 지식과 경험을 뛰어넘는 예상은 불가능하다. 그렇기에 인생은 예상 밖 일의 연속이다. 예측할 수 없기에 삶은 의미 있다.

여행을 가면 낯선 여행지일수록 예측불허의 일들이 자주 일어난다. 비행기 연착은 물론이고 버스 노선이 바뀌기도 한다. 아무리 준비를 철저하게 한다 해도 돌발상황까지 예상할 수는 없다. 그리고 여행지에서 가장 기억에 남는 것은 계획이 틀어지는 바람에 어쩌다 가게 된 장소나 아무 생각 없이 걷다가 우연히 새로운 길에 접어들었을 때다. 이런 골목이 있을 거라곤 아무리 여행책을 보고 또 봤어도, 여행 블로그를 샅샅이 뒤져봤어도 예상하지 못했던 일이다. 여행의 진면목은 그렇게 예상하지 못했던 새로운 길에 발을 들여놓으면서 시작된다. 예상 밖의 즐거움이 있기에 목돈을 들여서 여행길에 오르고, 고생하더라도 또 다른 여행을 계획한다.

여행이 설레는 이유가 바로 이것이다. 예상하지 못하는 많은 선택지가 주어지고 우리는 그 갈림길에서 예상하지 못했던 새로움을 경험하기 때문이다. 여행이 늘 예상대로라면 미지의 세계가 주는 설렘과 흥분을 기대할 수 없다. 인생도 여행이라서 우리는 늘 예상을 벗어난 선택지를 마주하게 된다. 잠깐은 혼란스럽지만 그 순간이 지나가면 예상 밖의 놀라움이 우리를 기다리고 있다.

10년간 세계일주를 하는 사람이 있다. 10년이나 타지를 떠돌면서 여행경비가 떨어진 적이 없다는 그의 말에 비결이 뭔지 궁금했다. 그 비결은 예상하지 못했던 장소에서 취직이 되었기 때문이다. 여행지에서의 취직이라 두세 달 정도 일하는 임시직이었지만 여행 경비를 충당하는 데 충분했고, 모두 현지인이 소개해줬다고 한다. 일도 대부분 여행 관련 일이라 세계일주를 하는 데 많은 도움이 되었다고 한다. 그렇게 10년 동안 세계일주를 계속해온 그는, 세계 곳곳에서 일을 하고 경험을 쌓아 아예 세계일주를 직업으로 삼았다. 여행을 시작하기 전에는 전혀 예상하지 못했던 일이다.

예상을 벗어난 선택지는 지금까지와 다른 경험을 삶과 연결시켜 주는 통로가 될 수 있다. 그러니 혼란스러움은 잠시 접어두고 인생이라는 여행 속의 작은 여행이라고 생각하면 어떨까. 그 경험들이 모여 점을 이루고 선이 이어져 우리가 예상하지 못했던 전혀 다른 기회와 인생이 펼쳐질지도 모른다.

난관을 만났을 때
쉽게 포기해버리는가?

나는 어려운 일을 만나면 쉽게 포기해버리는 타입이었다. 그러다 보니 실력이 쌓이질 않았다. 전공은 일본어였는데, 한자를 외워야 하는 상황이 참 싫었다. 겸양어 표현은 왜 그렇게 어려운지, 머리가 지끈지끈해질 때마다 자리를 박차고 일어나 도망 다니기 바빴다. 회사에 다닐 때도 어려운 일은 끝까지 물고 해결하기보다 온갖 핑계를 대며 완수하지 못할 때가 많았다. 아침에는 일어나서 자고 싶으면 침대로 다시 들어갔다. 그러다 보니 지각이 잦았다. 시간약속 지키는 일조차 당시 나에게는 꽤나 힘든 일이었다. 매사 이런 식이다 보니 혼자 승진에서 미끄러지는 건 당연했다.

변화가 절실했다. 마음속에서는 미치도록 변화하고 싶었지만 어떻게 해야 악순환의 고리를 끊어낼 수 있을지 방법을 알지 못했다. 지금은 그 당시 내가 왜 그랬는지 원인을 알고 있다. 진정한 나 자신과 대면하기가 싫었던 것이다. 있는 그대로의 자신을 객관적으로 보는 것이 무서웠다. '아무것도 아닌 나'를 인정하기 싫었다. 혼자 있는 시간이 참 싫었다. 쉽게 포기하는 나를 정면으로 마주 봐야 했기 때문이다. 그래서 자꾸 도망을 다녔다.

한 해, 두 해가 가고, 서른이 다가오니 이대로 살아서는 안 되겠다는 경각심이 커졌다. 나이를 먹어간다는 데에서 오는 불안과 그 나이까지 성취한 것이 아무것도 없다는 두려움, 사회에서 인정받지 못하는 실력 없는 인간이라는 자책감에 사로잡혀 있었다. 더 이상 도망갈 곳이 없다는 것을 깨달았다. 처음으로 나의 민낯을 마주해야 할 시간이 왔다. 어디서부터, 무엇이 잘못되었는지 생각조차 하기 싫었지만, 생각해야만 했다. 그래야 이 문제를 풀 수 있을 것 같았다.

주말에 어딘가에 스트레스를 풀러 놀러 다니기를 중단하고, 그동안 미뤄왔던 자신과의 대화를 시작했다. 나와 친하지 않은 상태여서 어디서부터 뭘 어떻게 물꼬를 터야 할지 몰라 일단 노트를 펴고 문제점을 적어 나가기 시작했다. 당시 내가 써 내려간 문제는 서른 가지가 넘었다. 머릿속에 복잡하게 엉켜 있던 문제들을 글로 정리해보니 비로소 정면으로 내 인생을 마주하는 기분이 들었고, 우선순위가 확실하게 보이기 시작했다.

내 민낯을 정면으로 마주하기까지 참 오랜 세월이 걸렸다. 막상 문제점을 나열하는 데 걸린 시간은 30분도 걸리지 않았다. 의식 차원에서의 나는 문제를 외면하려고 했지만 무의식의 차원에서는 무엇이 문제인지 알고 있었던 것이다. 난관을 만났을 때 쉽게 포기해버리는 습관은 심리적 문제가 일차적 원인이다. 내면에 어떤 문제가 있는지 끊임없이 스스로에게 물어보아야 한다. 그러기 위해서는 혼자 있는 시간이 절대적으로 필요하다.

　주중에 업무로 꽉 찬 하루를 보내는 직장인은 주말에 스트레스를 해소하기 위해 밖으로, 타인으로 도망 다니기에 바쁘다. 그러는 사이 문제는 산더미처럼 커져 해결할 수 없는 지경이 된다. 문제를 직시하는 시간이 필요한데, 외면하기 바쁘니 당장 풀어야 할 문제는 곪아 썩어간다. 난관을 만났을 때 쉽게 포기해버리는 이유도 해결하지 않은 여러 가지 문제가 얽히고 설켜 있어서 복잡하게만 인식되기 때문이다.

　문제들을 직시해보니 어렵고 복잡할 거라는 나의 짐작보다 심플했다. 왜 이런 간단한 문제를 어렵게만 생각했는지 의아할 정도였다. 건강에 문제가 생겼다면 병원에 가면 될 일이고, 돈이 없다면 돈을 벌면 될 일이고, 매사 의욕이 없다면 번아웃 직전이니 복잡한 도시를 떠나 자연 속에서 쉬었다 오면 될 일이었다. 우리가 만난 어려운 일들은 사실 난관이 아닐지도 모른다. 이럴 때는 복잡하게 생각하지 말자. 눈 딱 감고 작은 문제부터 해결해보자. 매번 도망가며 죄책감을 짊어지지 말고 곧바로 해결했다는 쾌감을 맛보자.

한두 번도 아니고 언제까지 도망 다닐 수는 없는 노릇이다. 내 문제를 해결하면 남과 관련된 문제도 해결할 수 있고 사회의 문제, 더 크게는 국가의 문제, 인류의 문제를 해결하는 사람이 될지도 모른다. 그렇게 하나둘씩 해결해 나가면 자신에게 해결사 본능이 숨어 있다는 걸 깨닫기도 한다. 무능의 늪을 벗어나 유능해지는 간단한 방법은 오늘 도망가지 않는 것이다. 오늘은 포기보다 해결을 선택하라. 당신 안에 잠자고 있는 해결사 본능을 꺼내라. 세상의 많은 일이 나의 해결을 기다리고 있다.

스스로에게 주로 하는 말은
응원인가, 비판인가?

"내가 그렇지, 뭘."

"힘들어서 주저리주저리 해봤어."

이런 말을 수시로 하는 사람이라면 자신에 대한 비판을 습관처럼 하는 사람에 해당한다. 이런 말을 자주 한다면 마음의 힘을 스스로 빼앗기는 셈이 된다. 마음의 힘은 내면 상태를 나타내주는 바로미터다. 나를 객관적으로 바라보는 것은 바람직하지만 객관성을 빙자한 비판은 자신에게 아무런 도움이 되지 않는다. 자신에게 비판적인 말을 하는 이유는 무엇인가? 원인을 알아야 비판의 말을 멈추게 된다.

우리는 주변 사람들이 하는 말에 영향을 받는다. 내가 속한 집단의 언어는 반드시 자신에게 스며든다. 말은 단순한 언어 표현 수단이 아니다. 언어는 내면의 상태를 명확하게 드러낸다. 주변 사람들의 말에 영향을 쉽게 받는다면, 자신만의 언어가 부족한 사람일 가능성이 높다. 자신만의 언어를 가진 사람은 외부의 언어에 매우 민감하다. 자신에게 부정적인 영향을 주는 말을 들을 때 예민하게 알아차리고 그것이 나에게 영향을 미치지 못하도록 차단한다.

만약 나도 모르게 자책하거나 자기 비판을 계속하고 있다면 그 원천이 어디인지 알아봐야 한다. 어릴 때부터 비판적인 언어에 노출된 사람일수록 이것을 알아차리기가 힘들다. 그런 언어에 익숙하기 때문이다. 그래서 세상의 모든 사람이 비판적인 언어를 쓴다고 여긴다. 자연스럽게 비판적인 언어를 쓰는 집단을 가까이하게 된다. 이것이 언어의 무서움이다. 평소에 응원의 말을 많이 듣고 자란 사람이라면 근거 없는 비판을 들을 때 위화감을 느낀다. 응원의 언어에 익숙하기 때문이다.

스스로에게 해주는 말이 100% 응원일 수는 없다. 하지만 비난이 일상화되어 있다면 이는 심각한 문제로 여겨야 한다. 비난의 언어로 스스로를 자주 공격한다면, 언젠가는 도저히 버텨낼 수 없을 지경에 이르게 된다. 우리는 항상 타인의 힘에 기댈 수 없다. 아무도 나를 격려하거나 응원해주지 않는 상황이 올 수 있다. 그런 순간에 나 자신에게 해주는 말이 더욱 나를 수렁에 빠뜨린다면 어떻게 되겠는가?

평소의 언어 습관이 중요한 이유는 언어의 자동 운전 기능 때문이다. 자신에게 하는 말의 대부분이 비판의 언어라면 자존감을 잃고 좌초되는 방향으로 자동 운전을 하는 셈이다. 반면 자신에게 응원의 말을 매일 해주고 있다면 마음의 방향은 자동으로 긍정으로 향한다.

성찰의 언어는 귀하지만 근거 없는 비난의 언어는 죄 없는 나를 재판정에 스스로 올리는 일이다. 자신에게 하는 말을 바꾸면 인생이 바뀐다. 부정이 아닌 긍정의 언어로 말하라. 말을 바꾸는 건 어려운 일이 아니다. 하지만 그 결과는 엄청나다. "난 뭘 해도 안 돼", "어려워. 힘들어", "난 쓸모없어" 같은 말을 하는 것은 내 미래를 그러한 방향으로 이끌겠다는 것과 다름 없다. 스스로가 내 편이 아닌 걸 확인시켜 주는 셈이다.

우리의 뇌는 내가 사용하는 말을 근거 삼아 세팅된다. 만약 부정의 언어를 계속해서 말하고 듣는다면 뇌는 실제로 절망감을 느낀다. 부정적 감정을 강화하는 비판적 언어의 사용은 악순환을 반복한다. 비판의 언어를 사용하고 싶을 때마다 긍정의 언어로 치환하라. 듣는 나도 기분 좋고 주변 분위기까지 환하게 만들어줄 것이다. 그리고 그것이 어려운 일을 이겨내는 또 하나의 힘이 되어줄 것이다.

부정적 감정에서
좀처럼 벗어나지 못하는가?

고3 시절 아침조회 전에 5분 스피치 시간이 있었다. 반 아이들 모두 돌아가면서 자유 주제로 5분 동안 발표를 하는 시간인데, 소심한 성격의 나로서는 사람들 앞에 서야 하는 것 자체가 무섭고 두려웠다. 하지만 내 차례도 오고야 말았다. 교탁 앞에 선 반 친구들을 쳐다보지도 못한 채 지옥 같은 5분을 보냈다. 떨리는 목소리로 뭐라고 했는지 기억도 나지 않지만 사람들 앞에서 말하기에 대한 부정적 감정이 평생을 지배하기에 충분한 경험이었다.

현재의 나는 수많은 청중 앞에서도 긴장하지 않는다. 사람들 앞에서 말하는 것을 좋아한다. 고3 시절과 무엇이 달라졌을까? 5분 스피치도 벌벌 떨던 내가 강의가 직업이고 일상이 되어버렸다. 작가가 되고 처음 강의를 의뢰받았을 때 거절하고 싶었다. 하지만 좋은 기회였고 강의를 경험하고 싶었다. 하루 이틀 고민하다가 결국 제안을 수락했다.

강의를 준비하면서 고3 시절 겪은 스피치의 악몽이 떠올랐다. 자꾸만 밀려오는 부정적 감정을 타파하기 위해 강의의 모든 내용을 타이핑 해서 외우기로 했다. 잠도 안 자고 강의 내용을 달달 외우다가 이건 아니다 싶어 대본은 집어치웠다. 생각나는 대로 자연스럽게 말하기로 했다. 내가 쓴 책의 내용을 기반으로 강의를 하는 건데 대본이 필요하다는 것 자체가 우스워졌다. 수십 년 전 스피치의 악몽이 발목을 잡고 있었지만 사람들에게 전달하려는 메시지에 집중하기로 했다. 그렇게 대본도 없이 생애 첫 강의를 했다. 청중들이 몰입하는 눈빛을 보면서, 그들과 교감하면서 오랫동안 나를 괴롭히던 부정적 감정과 이별할 수 있었다.

이제는 발표에 대해 긍정적 감정을 가지게 된 나의 경험처럼 사물과 사건에 대한 부정적 감정은 절대 영원하지 않다. 사람도 변하고, 사물도 변하고 환경도 변한다. 그런데 나만 혼자 부정적 감정에 매몰되어 있을 수는 없다. 부정적 감정은 언제든 긍정적 감정으로 치환할 수 있다. 잠시만 부정적 감정에서 빠져나오는 경험을 해보자. 부정과 긍정의 감정 사이가 그리 멀지 않다는 걸 알게 될 것이다.

경험은 판단의 기준이 된다. 하지만 우리의 경험은 극히 좁을뿐더러 얕기까지 하다. 물리적 힘이 지배하는 삶을 살고 있는 인간에게 직접경험의 폭은 제한적일 수밖에 없다. 우리가 그 좁은 폭의 경험을 모든 판단의 기준으로 삼고 있다면 기준 자체에 대한 의문을 가져볼 필요가 있다.

이때 긍정적 경험이 많이 쌓인다면 부정적 감정으로부터 벗어날 수 있다. 아주 작은 것부터 긍정의 경험을 쌓아보자. 스스로 계획했던 아주 작은 일을 실천해보거나 주말에 소모적이고 감각적인 것에 시간을 쓰지 않고 배움과 채움의 시간을 가져보면 어떨까?

　미술관에서 작품을 감상한 뒤에 짧게나마 소감을 공유하거나 일기를 쓰는 것은 긍정적 경험으로 쌓인다. 미술 작품이 나와는 동떨어진 것처럼 느껴지지만 미술은 항상 우리 가까이에 있다. 주변의 미술관을 검색해보자. 의외로 멀지 않은 곳에 있다는 걸 알 수 있다. 예술은 우리의 생각과 감정을 환기해주는 좋은 매개다. 직접 내 발로 가야 하고, 직접 내 눈으로 보고, 새로운 생각들로 나를 채워볼 수 있는, 다방면적으로 활동적이고 긍정적인 경험이다. 소소하게 획득한 긍정적인 감정을 되새기며 글로 간단하게 정리하는 시간을 가져봐도 좋다.

　객관적 입장에서 보았을 때는 긍정적인 감정이나 부정적인 감정의 경계를 확실하게 구분 짓는 것은 의미 없다. 다만 과거의 경험에서 파생된 감정들이 현재의 시간까지 영향을 주고 있을 뿐이다. 과거는 과거대로 흘러가게 내버려두자. 과거의 경험이 반드시 옳은 것만은 아니다. 우리가 현재 혁신이라 칭하는 것들도 과거에는 온갖 혹평과 조롱을 받았다.

전화기는 쓸데없는 장난감 취급을 받았고 인터넷은 빌 게이츠에게 쓸모없는 서비스 취급을 받았고, 비틀즈는 기타리스트가 포함된 밴드는 한물갔다며 스튜디오 녹음을 거절당했다. 혹평과 조롱이라는 과거에 발목 잡히면 부정적 감정은 사라지지 않는다. 또한 우리가 아는 혁신은 세상에 빛도 보지 못한 채 부정적 과거라는 무덤에서 잠자고 있을 것이다.

지금 종이를 펼쳐서 부정적 감정의 원인을 찬찬히 적어보자. 그리고 그 옆에 반대로 뒤집어 적어보자. 예를 들어, '돈'에 대한 부정적 감정을 가지고 있다면 왜 돈에 대해 부정적인지 원인을 써보고 반대로 돈에 대해서 긍정적 감정을 가지면 지금 상황이 어떻게 변화할지 상상해보는 것이다. 상상은 공짜다. 상상은 내 소유이다. 상상은 자유다. 상상은 무한대이다.

부정적 감정 상태가 오래되면 사람은 상상력과 유연성을 잃게 되어 어떤 사물이나 현상에 대한 관점이 고정된다. 부정적 감정 상태가 고착되기 전에 재빨리 상상력을 발휘해서 그 반대편에서 생각해볼 필요가 있다. 발표를 하는 데 부정적인 감정이 든다면 표정이 어두워지고 목소리는 더 떨리게 되어 있다. 그럴 때는 주저하지 말고 반대로 한번 생각해보자. "내가 세상에서 발표를 가장 잘한다"라고 상상해보자. 그리고 당당히 돌파해보자. 밝은 표정, 자신감 있는 표정, 호소력 있는 목소리로 청중을 사로잡을지도 모른다.

하루에 한 가지,
규칙적으로 하는 일이 있는가?

　인생에 태풍 같은 시련이 찾아오면 정상적인 사고를 하기가 힘들다. 나에게 시련이 찾아왔을 때도 그랬다. 이 비와 폭풍이 언제 그칠지 모르겠다는 생각이 들자 그렇게 좋아하는 책도 눈에 들어오지 않았다. 마음을 다스리고 온몸의 고통을 이겨내려 책에 의지하고 있었는데 그마저도 힘든 일이 되어버린 것이다. 간신히 만든 좋은 습관도 시련과 고통 앞에서는 속수무책이었다.

그래서 필사를 하기 시작했다. 책을 펼치면 자꾸만 고민과 걱정거리가 눈앞에 몰려와서 집중을 할 수 없었지만 필사를 하면서 손과 눈과 마음으로 문장을 읽어 나갔다. 그러자 책 한 구절을 읽기 어려울 정도로 여유가 없었던 마음도 조금씩 안정이 되었다. 힘든 시절에 책마저 읽을 수 없다면 베껴 쓰기라도 해보자고 시작한 일이 하루, 이틀, 한 달이 두 달이 되고, 여섯 달을 넘기자 몸에 박힌 습관이 되어버렸다. 이제는 필사가 뼈에 새겨진 습관이 되어 좋은 책을 만나면 반드시 필사를 해야 그 책을 온전히 읽은 것 같은 기분이 들 정도다.

명나라 말기의 선비 홍자성이 쓴 책《채근담》을 필사하며 구절들을 곱씹어본다. 홍자성은 큰 뜻을 품고 포부가 당찬 인물이었지만 혼란한 시대를 살았다. 실력이 출중했지만 정치적 모함에 시달려 뜻을 펼치지 못했다. 이 뛰어난 인물에게 세상은 궁핍과 가난을 안겨주었다. 그래서 홍자성은 자신의 비루한 삶을 원망했을까? 실력을 펼치지 못한 시대를 탓했을까? 그는 남다른 선택을 했다. 고초를 겪으며 인생의 밑바닥에서 얻은 깨달음과 성찰을 글로 남기고 스스로를 다스렸다. 그것이 지금까지 전해져 오는 고전 중의 고전 《채근담》이다.

삶의 우여곡절 끝에 성찰이라는 보물을 건져 올린 선각자들의 글과 그 행간에 담긴 의미들을 평탄한 시절에는 온전히 이해하지 못했다. 그들이 겪은 인생의 시련과 깨달음을 풍파 없는 삶을 살아온 내가 어떻게 헤아릴 수 있었겠는가.

《채근담》을 필사하는 데 오랜 시간이 걸렸다. 3년 동안 가방에 항상 《채근담》이 들어 있었다. 필사하면서 가슴에 와닿은 문장을 곱씹다 보니 내가 겪은 고난이 다르게 보였다. 매일 매일 손으로 꾹꾹 눌러 적어가며 저자 홍자성의 삶을 상상해 보았다. 고난에는 뜻이 있다. 시련의 삶에 찾아온 것에는 다 까닭이 있다.

절벽에 서 있는 기분이었던 나는 현재 상황을 완전히 다른 시각에서 보게 되었다. 필사를 하루라도 하지 않으면 다시 불안이 엄습해왔다. 그렇게 나는 매일 필사하는 습관을 만들었다. 이해하지 못하는 책은 무조건 필사를 하며 생각을 정리했다. 필사하는 습관이 생기자 글을 쓰기 시작했고, 생각을 날카롭게 정리하는 과정을 거치며, 나도 모르는 자신의 장점을 발견하게 되었다.

한번 앉으면 장시간 필사를 해도 힘들지 않았다. 필사를 아무리 해도 졸리거나 지루하지 않았다. 당시 내가 겪고 있던 상황과 비교하면 필사를 하는 건 신선놀음과 다름없을 정도로 쉬운 일이었다. 지옥을 건너고 있는 나에게 필사 시간은 황홀한 휴식이었다. 그렇게 평생 습관인 필사를 하며 아픈 시절을 지나왔다. 나는 여전히 마음이 흔들리고 불안할 때 필사를 한다.

눈으로 책을 읽지 못할 정도로 마음이 힘든 날은 여지 없이 노트를 펼치고 펜을 붙잡는다. 사각사각 한 글자씩 꾹꾹 눌러 쓰다 보면 어느새 책의 저자와 한 마음, 한 뜻이 된다. 운이 좋으면 저자가 꿈에 나온다. 소크라테스가 나오고, 니체가 등장한다. 평소에 궁금했던 질문거리를 실컷 묻다가 잠에서 깨어나면 나는 완전히 다른 사람이 된 것 같다. 세상의 시름을 잊으려 시작했던 필사를 통해 나는 그렇게 조금씩 다른 사람이 되어갔다. 매일 하는 일이 바뀌면 그 일이 나를 바꿔준다. 그것이 내 마음의 근력을 길러주어 단단한 사람으로 거듭나게 한다.

인생에서 중요한 것은
얼마나 많이 넘어지느냐가 아니라
얼마나 많이 일어설 수 있는가입니다.

– 벤저민 디즈레일리

3장

꺾이지 않고
다시 나아가게 하는 마음의 무기

과거의 내가 현재의 나인가? 과거의 경험이 쌓여 현재의 나를 만드는 건 분명하지만, 그를 통해서 현재의 나를 다른 사람으로 만들어주기도 한다. 과거의 고통스러운 경험은 예방주사와 같아서 지금의 나를 좀 더 단단하고 튼튼하고 긍정적인 사람으로 변화시킨다.

시련은
다른 관점으로 바라본다

나는 직장인 사춘기가 빨리 왔다. 입사를 하고 처음 2-3년
은 회사를 다니는 것 자체가 신났다. 일을 배우는 것도 즐거웠
다. 하지만 4년이 지나자 시들해졌다. 매일 반복되는 똑같은
생활과 변화 없는 업무, 인간적으로 닮고 싶지 않은 상사들의
모습이 눈에 들어오자 회사생활에 대한 회의가 자꾸만 커져갔
다. 그때가 불과 스물아홉, 서른 즈음이다.

서른이 되자 나는 과감하게 직장생활을 정리했다. 이 말은

수입 한 푼 없는 백수가 됐다는 걸 의미한다. 나는 직장을 관둔 후 정확하게 4년 뒤 생을 마감하기로 결심한다. 생활고로 인한 절망이 원인이었다. 그 시절이 내 인생에서 가장 어두운 시간, 동이 트기 전 새벽과 같았다. 그때 죽지 않고 살아남아서 이렇게 글을 쓰면서 먹고 살고 있다.

인간은 자신의 감정이나 상황을 객관적으로 보는 훈련이 되어 있지 않다. 시련에 빠졌을 때는 그 고통이 나에게만 유독 크게 느껴진다. 그래서 시련의 골짜기에 홀로 고립됐다는 생각이 들면 한 발자국 움직이기도 쉽지 않다. 시련의 고통은 각자에게 특별하게 아프지만 멀리서 보면 크게 다르지 않다.

우리 삶은 희로애락의 파노라마다. 고통을 먼저 맛보고, 즐거움은 나중에 온다. 즐거움을 실컷 맛보고 나중에 고통에 몸부림칠 때도 있다. 만약 시련에 빠져 있을 때 즐거움을 위한 전주곡이라고 여긴다면 시련의 의미가 달라지기 시작한다. 용수철이 높게 튀어 오르려면 최대한 낮게 구부러져야 한다. 시련이 찾아왔을 때의 우리는 높게 날아오르기 위해 잠시 몸을 낮

춘 것이다.

서른이면 착실히 직장생활을 하면서 돈을 모아야 하는 시
기이다. 그런데 나는 백수가 되었고, 그 후로 지독한 생활고에
시달렸다. 하루에도 수십 번씩 직장을 관둔 걸 후회했다. 스스
로 시련을 만들어버린 자신이 지독하게 미웠다. 하지만 그때
그 시련이 없었더라면 지금의 나는 존재하지 않았을 것이다.

그 시절, 인생에서 가장 중요한 것을 배웠다. 아무리 폭풍
우가 몰아쳐도 언제 그랬냐는 듯 하늘은 맑게 갠다. 그 시절을
보내고 나서야 비로소 맑게 갠 하늘이 눈부시게 아름답다는
걸 알았다. 만약 시련 없이 따박따박 월급을 받으며 안정적으
로 자산을 불려가며 비 한 방울, 바람 한 점 맞지 않고 인생을
살았다면 지독히 오만한 나르시시스트가 될 가능성이 크다.

시련을 스스로 만들어 겪은 나는 어느 관점에서 보면 바보
천치 멍청이가 따로 없겠지만, 다른 관점에서 본다면 재능을
발견하는 계기를 만든 것이었다. 어딘가에 고용된 사람이 아

니기에 스스로 일을 찾아내어 만들지 않으면 먹고살 수 없다. 항상 도전하고 성장해야 하는 입장이라 바쁘고 안정된 생활과는 거리가 멀다. 위기가 일상이다.

위기가 일상인 사람에게는 위기가 큰 기회가 된다. 위기가 일상인 사람은 위기를 어떻게 탈출해야 하는지 가장 잘 안다. 코로나 때문에 오프라인 강의가 모두 취소된 나는 온라인 강의를 시작했다. 오프라인 강의를 할 수 없어서 막막했는데, 온라인 강의를 하고 나서 생각이 바뀌었다. 오프라인 강의보다 훨씬 많은 사람이 물리적 거리라는 제한 없이 참여할 수 있다는 장점이 있었던 것이다. 덕분에 전국의 독자님들을 만날 수 있었다. 위기가 기회가 된 셈이다.

가끔 생각해본다. 전에 내가 직장을 스스로 관두지 않고 계속 다녔다면 어떤 삶을 살고 있을까? 자신이 누구인지 모른 채 세월에 둥둥 떠다니다가 40대에 들어서서 또다시 방황을 되풀이하면서 진로를 고민하고 있었을 것이다. 매도 먼저 맞는다고 직장까지 그만두면서 심각한 진로 방황을 한 덕에 내가 하고 싶은 일을 찾는 데 인생을 걸 수밖에 없었다. 그것은 행운이었다. 그 행운을 잡으려고 죽을 만큼 힘든 시기를 보냈지만 결국 내게 온 것들에 감사하다.

만약 지금 당신이 어떤 일들로 시련을 겪고 있다면 그것은 기회이자 행운이 올 징조다. 이 징조를 해석하는 건 사람마다 다르다. 시련을 보는 관점이 저마다 다르기 때문이다. 행운이 공짜로 온다면 행운에 고마워하지 않는다. 값을 치러야 그 행운의 가치를 알아볼 수 있다. 시련은 행운을 맞이하기 위한 선불이다.

다른 것보다
나 자신을 우선순위에 둔다

스스로에게 헌신해야 만족스러운 삶을 살 수 있다. 자신에게 헌신한다는 의미는 스스로가 세운 우선순위가 명확할 때 성립할 수 있다. 자신을 소중하게 여기는 것이 외모를 치장하거나, 사치품을 사들이거나, 향락에 허용적인 삶의 태도를 뜻하는 것이라고 생각할지도 모르겠다. 하지만 자신을 소중히 여긴다는 것의 진정한 의미는 사치나 향락을 누리는 것이 아닌 무엇보다 자신을 소중하게 생각하고, 시간을 들여 가치 있는 것에 몰두하는 것을 의미한다.

그러기 위해서는 혼자 있는 시간이 필요하다. 타인과 어울리면서 감정을 교류하고 우정을 나누는 시간도 필요하지만 자신을 우선순위에 두기 위해서는 스스로에게 몰두할 절대적 고독의 시간이 있어야 한다. 자신과 진지한 대화를 나누며 지금 상태에 대한 솔직한 피드백을 주고받아야 한다. 어디 아픈 데는 없는지, 마음이 억눌리거나 답답하지는 않은지, 무리하고 있지는 않은지 자신에게 묻고 답하는 시간이 필요하다. 그렇게 고요하게 자신과 친밀해지는 것이다. 그 누구도 신경 쓰지 않고 오로지 자신에게만 몰두하는 시간. 사회적 압력에 지친 자신을 알아차리게 하는 소중한 시간이 될 수 있다.

우리는 사회적 압박에서 자유롭지 못하다. 사회적 압박뿐만 아니라 가족에게 헌신해야 한다는 암묵적 동의에서 자유롭지 못하다. 이런 압력이 개인의 가치와 충돌하면 사람은 혼란에 빠지게 된다. 결국 자신을 탓하게 된다. 하지만 사회적 압박과 문화적 동의를 묵인해버리면 개인은 사라지고 사회적 자아라는 껍데기만 남게 된다. 남들 보기엔 문제없어 보이지만 내면은 공허한 이유는, 자신의 요구가 무엇인지 모른 채 사회의 요구를 우선적으로 수용한 탓이다.

사람이 쓸 수 있는 가용 에너지는 개인차가 있지만 총량은
정해져 있다. 마음이 다치거나 힘든 시기에는 가용 에너지가
바닥을 보인다. 다른 곳에 신경을 쓸 여력이 없다. 여력이 없
다는 걸 인정해야 남은 에너지를 아껴 자신을 보살필 수 있다.
우선은 나를 구해야 한다. 충분히 회복할 때까지 살뜰하게 보
살피면서 자신과 친해질 시간을 만들자.

내면과 충분히 소통하지 않은 채 힘든 시기를 지나치면 상
처는 제대로 치유되지 못한다. 그렇게 무의식 깊은 곳에 남아
트라우마가 될 수도 있다. 인생의 풍랑 속에서도 살아남은 자
신을 격려하며 좋은 음식을 먹여주고, 충분히 마음이 풀어질
수 있도록 보듬고 토닥여주는 시간이 필요하다. 지금 충분히
위로받고 챙김을 받을 사람은 나 자신이다.

박노해 시인은 누구도 산정에 오래 머물 수 없다고 했다.
누구도 골짜기에 오래 머물 수 없다고 했다. 삶은 최고와 최악

의 순간들을 지나 유장한 능선을 오르내리며 가는 것이라 표현했다. 우리는 지금 산정에 머물고 있다. 얼어붙은 몸과 마음을 녹이고 다시 삶이라는 산을 등반하기 위해 잠시 쉬고 있다.

남들 눈치를 보지 않아야 내 소신대로 살 수 있는 용기가 생긴다. 남이 보기에 좋은 사람보다 자신에게 좋은 사람이 되는 것이 더 어려운 법이다. 조금 더 나다움에 집중해보자. 타인의 시선이라는 폭력에 맞서는 용기가 생긴다. 애초부터 하지 않아도 될 일에 시간을 빼앗기지 않아 훨씬 더 자유롭다. 다른 것보다 나 자신이 우선순위인 삶은 오히려 넉넉하고 홀가분하다. 좀 더 단순하게 살아보자는 용기와 여유가 생긴다.

세상이 부여한 온갖 의무와 잣대로부터 자신을 지키는 방법은 남과 다름을 인정하는 것이다. 남들이 좋다는 것에서 해방되어야 나답지 않은 것에 투입되는 시간과 에너지를 아낄 수 있다. 다름은 틀림이 아니라 각자의 개성과 가치관이 다양할 뿐이다. 남들이 주말에 뭘 하든, 어디에 가든 그것은 나의 관심사가 아니다. 남들과 비슷하게 주말을 보내야 할 이유는 없다. 그들의 가치와 내 가치가 다르기 때문이다.

　주말에는 그 누구도 만나지 않고 나를 만난다. 날씨 좋은 날 산으로 들로 강으로 가지 않는 나를 남들이 이해하지 못해도 괜찮다. 월요일에 사람들을 만나 주말에는 무엇을 했다는 이야기를 하는 것보다 중요한 건 스스로 주말을 가치 있게 보냈다는 만족감이다.

'나'라는 내면의 비판자를
긍정적으로 이끌기

    사람은 시선이 외부로 향해 있을 때 긍정적 감정보다 부정적인 감정에 빠지기 쉽다. 마음의 중심이 외부로 향해 있으면 타인과 환경에 좌우되기 쉽다. 우리는 타인을 컨트롤 할 수 없다. 사람뿐만 아니라 외부의 상황이나 환경 또한 장악하기 힘들다. 자신이 지배할 수 없는 것에 집착하다 보니 쉽게 부정적인 감정에 빠지게 된다. 내 마음대로 되는 일이 하나 없으니 긍정적인 감정이 들 수 없는 것이다.

철학자 에픽테토스는 자신이 컨트롤 할 수 없는 것에 마음 두지 말라고 했다. 그는 노예시절 주인이 다리를 부러트렸는데 그 일에 대해서 주인을 원망하지 않았다. 자신이 컨트롤 하지 못하는 상황이었기 때문이다. 인간은 자신을 통제할 수 있을 때 긍정적인 감정이 든다. 통제할 수 없는 것에 집중하면 긍정적인 감정은 저 멀리 달아난다. 하지만 우리는 시시때때로 통제할 수 없는 것에 집착한다. 에픽테토스는 우리가 바꿀 수 없는 것들에 대해 걱정하지 말라고 했다. 불가능한 것에 대해 걱정하지 말고 가능한 것에만 집중해야 우리는 자기 효능감을 발휘할 수 있다. 내면의 평화를 찾기 위해서는 외부의 요소에 의지하지 말아야 한다.

마음의 중심을 내부로 돌려야 자기 효능감이 살아나는데 그런 경험이 없다 보니 보이는 것이 전부라고 착각한다. 우리는 자연스럽게 고통을 피하기를 원한다. 부정적인 감정의 원인은 고통스러운 경험이나 충족되지 않는 욕구이다. 나에게는 어떤 고통의 경험이나 충족되지 않은 욕구가 있을까? 자신을 거울처럼 들여다보며 원인을 알아차려야 부정적인 감정에서 벗어날 수 있는 실마리를 찾을 수 있다.

과거의 일은 이미 흘러갔다. 고통스러운 경험을 마주하는 것은 무척 힘든 일이지만, 막상 꺼내 보면 별일 아니었던 일에 과민하게 반응했던 자신을 발견할 수 있을지도 모른다. 과거는 과거일 뿐이다. 과거에 집착해서 현재를 두려움과 고통 속에 산다면, 현재는 과거에 먹혀버린다. 과거가 현재를 압도하면 진정한 현재를 살아갈 수 없다. 과거는 그냥 놓아두라. 과거는 세월과 함께 자연스럽게 흘러간다. 하지만 우리가 과거에 집착한다면 과거는 자연스럽게 흘러가지 못한다.

과거의 내가 현재의 나인가? 과거의 경험이 쌓여 현재의 나를 만드는 건 분명하지만, 과거의 경험이 현재의 나를 다른 사람으로 만들어주기도 한다. 과거의 부정적인 경험이 쌓여 현재의 긍정적인 내가 되었다고 여기자. 과거의 고통스러운 경험은 예방주사라서 현재를 좀 더 단단하고 튼튼하고 긍정적으로 변화시킨다.

생각을 내 편으로 만들면 삶 자체를 긍정적인 방향으로 이끌어낼 수 있다. 모든 행동의 시초가 생각이다. 실패의 기억도 언젠가는 망각의 저편으로 넘어간다. 지금 겪는 실패가 영원한 낙인이 되어 자신을 따라다닐 것 같지만 의외로 쉽게 잊히기도 한다. 그러니 내면의 비판자에게 말을 걸어보자. 비판을 하는 원인에 대해서 생각해보면 비판거리가 충분히 고쳐질 수 있는 문제이거나, 일시적인 문제일지도 모른다. 또는 상황의 문제일지도 모르니 내면의 비판자를 그대로 받아들이기보다 조목조목 반박을 해보자.

되는 일이 없이 방황하던 시절에는 내면의 비판자가 점점 커져만 갔다. 무모하고 어리석었던 나에 대한 분노를 걷잡을 수 없었다. 잘못된 결정을 내린 자신을 용서할 수 없었다. 그렇게 나를 미워하던 시간을 지나고나니 모든 것이 제로 세팅이 되었다. 이제 무서울 것도 두려울 것도 없었다. 무엇이든 다시 시작할 수 있다는 생각이 내면에서 꿈틀거렸다. 절망의 바닥을 치니 나도 모르게 용수철처럼 튀어 올라가는 회복력이 생겨났다.

일이 잘 풀리지 않을 때는 자신을 비난하고 싶다. 이런 바보가 있을까 싶을 정도로 내가 싫어진다. 되돌아보니 폭발적으로 성장하려는 시기에 내면의 비판자가 등장한다는 걸 알았다. 변화에 이리저리 흔들리면서 내 탓을 하게 되는 상황이 오면 자신을 다독이면서 큰 성장을 기다리자. 성장을 하려면 인생의 우여곡절은 피할 수 없다. 모험을 선택한 자신을 긍정하며 이 시기를 정신적 확장의 자양분으로 삼자. 몰라보게 훌쩍 성장한 나를 만날 수 있을 것이다.

수많은 실수에서
수많은 배움을 얻는다

어떤 일이 막힘없이 술술 잘 풀리기 위해서는 무엇이 필요할까? 수많은 실수가 필요하다. 실패는 실수일 뿐 인생 전체의 패배가 아니다. 인간은 완벽하지 않고 누구라도 실수를 한다. 성공은 천재의 영감으로 순식간에 이루어지는 것이 아니라 실수하고, 또 실수하고, 더 이상 발 디딜 곳이 없을 때 성립된다. 우리가 천재라고 여겼던 사람들의 결실도 모두 실수투성이에서 더는 떨어질 바닥이 없을 때 비로소 성과가 나타났다.

제임스 다이슨은 기존의 청소기에 의문을 제기한 사람이다. 사람들은 당연하다고 생각하는 먼지봉투 청소기를 '왜 먼지봉투가 있어야 하지?'라는 관점으로 다르게 바라봤다. 원인은 먼지봉투를 판매하면서 얻는 부가 수입이 청소기 제조업체에 많은 수익을 가져다준다는 데 있었는데, 다이슨은 이 관행을 없애고 먼지봉투 없는 청소기를 만들려는 용기를 가진 것이다. 그리고 그가 먼지봉투 없는 청소기를 만들기 위해 겪은 실패는 5,126번이었다. 5,126번의 실패로부터 5,126번의 배움을 얻은 다이슨은 끝내 먼지봉투 없는 다이슨 청소기를 만들어냈다.

가능한 빨리 실수를 많이 한 사람이 가장 빠르게 성공한다. 실수한다고 죽지는 않는다. 실행 전 단계에서 머뭇거리는 사람보다 훨씬 많은 것을 습득할 수 있다. 테슬라가 세상에 없던 전기자동차를 만들기 위해서 대량 생산하는 것을 미루고 완벽을 기하는 날까지 준비만 했더라면 지금 거리에서 테슬라를 볼 수 있을까?

아직은 때가 아니라는 생각으로 완벽을 기다리다가 실수할 기회를 놓치면 배움의 기회도 같이 사라진다. 이제 두려움 없이 기꺼이 실수하기를 선택하자. 실수하다 넘어질 수도 있다. 비난을 받을지도 모른다. 넘어지는 걸 두려워한다면 한 발자국도 걸을 수 없다. 비난 때문에 실수를 두려워한다면 인생을 남의 장단에 맞추며 살아가야 한다.

실수연발인 초보 시절이 없다면 다음 단계인 성장기도 없을 것이다. 빨리 배우는 방법은 최대한 빨리 실수하는 것이다. 《손자병법》에서는 "졸속이 지완을 이긴다"고 했다. 잘하려고 너무 애를 쓰다 보면 마음의 부담 때문에 시작하지도 못하고 주저앉게 된다. 실수하는 것이 당연하다고 여기면 시작이 가벼워진다. 준비가 충분하지 않더라도 바로 행동에 옮겨야 실전에서 빠르게 배울 수 있다. 초심자에게 가장 중요한 덕목은 실수할 용기를 내는 것이다.

실수를 연달아 하다 보면 몰랐던 재능과 새로운 가능성을 발견하기도 한다. 요리로 생각해보자. 요리를 처음부터 잘하는 사람은 없다. 요리는 많은 실수와 노하우, 타고난 '미각'이라는 재능이 필요한 분야다. 요리를 잘하기까지는 중간과정을 거쳐야 하는데 이 시기에 맛없는 요리를 만들어도 괜찮다는 생각 없이는 실력이 늘지 않는다. 이것저것 조합해보고 맛의 차이를 느끼는 과정에서 남들이 해보지 않은 조합을 두려움 없이 실험해보는 재능을 발견하기도 한다. 초보 시절에는 국거리용 소고기로 볶음을 만드는 실수도 하고, 미역국을 끓이려다 마른미역이 불어날 것을 생각하지 못해 엄청난 양을 끓여 일주일 내내 먹기도 한다. 이런 과정이 없다면 요리 마스터의 길은 불가능하다. 직접 해보지 않고 배우는 방법은 세상에 없다.

만약 이 글을 읽고 있는 여러분이 실수와 실패 연발의 시간을 보내고 있다면 배움의 시기를 보내고 있다고 바꿔 말해보자. 이 시기는 성공에 반드시 필요한 배움을 얻기 위한 중간과정이다. 과정 없는 성과는 존재하지 않는다. 배움이라는 길에 실수 없는 추월차선은 없다.

'내일 죽는다 해도 이 문제가 중요할까?'
라는 질문

일론 머스크는 사람을 채용할 때 인터뷰에서 반드시 물어보는 질문이 있다고 한다. 그것은 바로 '인생에서 나타난 문제를 어떻게 해결했는가'이다. 이 질문이 중요한 이유는, 인생이 나에게 준 과제를 스스로 뛰어들어 해결해본 사람만이 그 방법과 세부사항을 정확히 알기 때문이다. 문제를 해결한 척하는 사람은 조금 설명하다가 어느 순간 막힌다고 한다. 살다 보면 인생은 문제 해결의 연속이다. 그것이 사소하든 중대하든 문제를 방치하고 그냥 두면 문제가 너무 커져서 해결할 수 없는 상황에 이른다. 하지만 문제를 즉각 해결하다 보면 문제를 어떻게 푸는지 경험이 쌓이고, 그것이 단단한 마음 근력으로 자리 잡는다.

풀리지 않는다고 생각했던 문제도 부딪치다 보면 의외로 쉽게 풀릴 때도 있다. 하지만 문제에 겁을 먹고 도망다니기에 급급하다면 작은 문제조차 내가 감당할 수 없는 장벽으로 느껴진다. 지금 하는 걱정 또한 도저히 내가 풀 수 없는 문제 같지만 시간이 많이 흘러서 되돌아보면 큰 걱정거리가 아니었음을 알게 된다.

졸업을 앞둔 대학교 4학년 여름이었다. 학생 신분이 끝나가는 것이 문득 두려워진 나는 침대에 머리를 파묻고 엉엉 울었다. 여기저기서 자격증 준비, 면접 준비로 바쁘다는 와중에 나는 취업을 비롯해서 '앞으로 내 인생은 어떻게 될 것인가'라는 생각에 잠도 잘 오지 않았다. 이루어놓은 것도 없이, 준비도 안된 상태로 사회에 나갈 생각을 하니 눈앞이 캄캄했다. 신경은 날카로워지고 기분은 항상 우울했다. 열패감에 휩싸인 채 그렇게 4학년을 보냈다.

되돌아보니 학생 신분으로 보내는 마지막 해를 제대로 놀지도, 제대로 공부하지도 않은 채 걱정만 하다가 보냈다. 그때 1년간 열심히 공부했다 한들 미래가 드라마틱하게 바뀌지는 않았을 텐데 차라리 마음 편하게 신나게 놀지 않은 걸 지금 상당히 후회하고 있다. 그 시절엔 취업의 압박감에 항상 마음이 불안하고 걱정이 가득해서 시야가 참 좁았다. 20년이 훌쩍 지난 지금에 와서야 우울했던 청춘의 시간이 다시 돌아올 수 없는 소중한 시간이었다는 걸 깨달았다. 왜 침대에 누워 베개만 붙들고 울었는지 모르겠다. 걱정을 한다고 달라지는 건 아무것도 없는데 말이다.

지금 걱정에 휩싸여 현재 아무것도 하지 못하고 허송세월하는 것보다는 내가 해결할 수 있는 것이 무엇인지 차근차근 생각한 다음, 해결할 수 있는 문제는 적극적으로 해결하자. 도저히 자신의 힘으로 해결할 수 없는 일은 도움을 요청하자. 끙끙 앓기만 해서는 해결되지 않는다.

시간이 흐르고 보면 왜 그런 걱정을 혼자 하고 있었는지 자신이 안쓰러울 것이다. 지금 하고 있는 걱정거리가 너무 크게 느껴진다면, 잠시 눈을 감고 생각을 환기하자. 다른 관점으로 생각해보자. 관점은 두 가지가 있다. 하나는 나무를 보는 관점이고, 다른 하나는 숲을 보는 관점이다. 나무를 바라보는 관점은 시야가 좁다. 숲을 보는 관점은 시야가 넓다. 인생이라는 긴 시간을 숲처럼 조망해볼 수 있다.

걱정에 휩싸인 사람은 지금 눈앞에 있는 걱정만 보인다. 인생을 숲이라고 가정하고 걱정을 나무라고 여겨보자. 인생이라는 커다란 숲에서 나무는 그렇게 크게 보이지 않는다. 시간이 흐르면 내 눈앞에 있는 나무는 한없이 작게만 보인다. 세상에 풀지 못하는 문제는 없다. 하물며 개인의 걱정은 쉽게 해결될 수 있는 문제이다. 다만 걱정에 가려 지금 시야가 좁아져 걱정거리만 커 보일 뿐이다.

사람은 쉽게 자신의 울타리를 좁혀버린다

　결혼하고 얼마 후의 일이다. 당시 우리의 신혼집은 코딱지만 한 작은 아파트였는데, 골방으로 쓰고 있는 코딱지만 한 방에 코딱지만 한 TV가 있었다. 그 골방에서 남편과 나는 금요일 밤에 자석처럼 달라붙어 〈슈퍼스타 K〉를 시청했다. 그리고 어느 날, 경상북도 영주에서 상경했다는 귀여운 혼성 4인조 밴드가 등장했다. 어딜 봐도 상큼하고 노래도 콕콕 박혀서 마음속으로 응원하게 됐다.

하지만 내 마음과는 달리 그 귀엽고 매력 있는 4인조 혼성 밴드는 조기 탈락했다. 충격적이었다. 그로부터 몇 년 후, 글로벌 슈퍼스타인 방탄소년단을 누르고 국내 음원차트 1위를 달성한 귀여운 여자아이들이 있어서 유심히 보게 되었는데 몇 년 전 〈슈퍼스타 K〉에서 보았던 그 아이들이었다. 바로 '볼 빨간 사춘기'. 우여곡절 끝에 데뷔하여 음원차트를 휩쓸고 있었다. 만약 볼 빨간 사춘기가 이전의 조기탈락으로 자신을 판단하고 포기했다면 어떻게 되었을까?

〈슈퍼스타 K〉에서 볼 빨간 사춘기가 탈락한 그해 가을, 나는 세 번째 책의 출판 계약이 난항에 빠졌다. 몇백 개의 출판사에서 퇴짜를 맞으며 다 포기하고 싶을 만큼 괴로운 날들의 연속이었다. 만약 그때 내가 나를 퇴짜 맞는 작가로 판단하고 주저앉았다면 어떻게 되었을까? 그 몇백 개 출판사에서 퇴짜를 맞아 나를 엄청나게 괴롭게 한 책이 《멘탈 트레이닝》이다. 우여곡절 끝에 출판된 책은 세 번의 개정판을 찍을 정도로 사랑받았다. 오늘날의 나를 만들어준 책이다.

"나는 이러저러한 사람이야."

"나는 재능이 없어."

"나는 운이 없어."

"나는 ○○ 때문에 ○○○할 수 없어."

사람은 자신을 쉽게 판단하려 한다. 자신에 대해 속단해서는 안 된다. 인간은 누구나 다중인격을 가지고 있다. 열 길 물 속은 알아도 한 길 사람 속은 모른다는 말의 뜻은 인간이 그만큼 여러 개의 모습을 가지고 있다는 의미이다. 그 여러 개의 모습을 자기 자신조차 명확하게 인지하지 못한다.

인생이란 내가 가진 것이 무엇인지 알아가는 긴 여정이다. 그러니 자신을 섣부르게 판단하는 것은 나도 아직 모르는 내 안의 여러 가능성을 조기에 차단해버리는 행위이다. 여러 개의 씨앗이 발아를 기다리고 있는데 거름을 주고, 물을 주고, 햇볕을 주지는 못할망정 씨앗이 커가는 걸 원천 차단해버리는 태도를 지녀서는 안 된다.

누구보다 스스로를 사랑하고 격려해야 할 존재는 나 자신이다. 하지만 사람들은 남을 사랑하는 것보다 자신을 사랑하는 것을 어려워한다. 자신을 사랑하지 못하는 이유는 내가 사랑할 만한 사람이 아니라고 섣부르게 판단했기 때문이다. 그 판단 기준은 대부분 외부를 향해 있다. 타인이나 사회의 기준은 시시때때로 변화한다. 우리는 그 변화무쌍한 기준을 따라갈 수 없다. 그 기준을 맞추는 완벽한 인간은 존재하지 않는다.

자신을 가로막는 섣부른 판단은 유보하자. 함부로 남을 정의하거나, 판단하거나, 넘겨짚으면 안 되듯이 나 자신을 부정적으로 정의하거나, 판단하거나, 넘겨짚지 말자. 판단은 나 자신을 실컷 사랑해준 다음에 해도 늦지 않다. 너무 쉽게 세상의 기준에 맞춰 나를 판단하지 말자. 그 대신 자신을 존중하고 시간을 들여 실컷 사랑해주기를 택하자.

불안은
한 단계 성장하라는 신호

　A는 이직을 준비 중이다. 이력서를 넣은 곳 중 한 군데에서 연락이 와서 미팅을 했는데, 연봉도 만족스럽고 그 회사는 업계에서 알아주는 중견기업이기에 커리어 측면으로 봐도 괜찮았다. 하지만 문제는 팀장 자리 제안이었다. 리더십을 필요로 하는 자리를 덥석 받아들였다가 자신의 미숙함이 드러날까 봐 두려움과 불안이 한꺼번에 찾아왔다.

　A가 두려움과 불안을 느낀 이유는 성장이 필요한 타이밍

이기 때문이다. 여기서 만약 A가 새로운 직급과 일에 대한 불안과 부담 때문에 이직하지 않기로 선택한다면 한 단계 성장할 수 있는 기회는 날아가버린다. 이제 선택해야 할 것은 팀장직에 대한 두려움에 압도당하거나 감당해보자고 생각하는 것 두 가지뿐이다. A가 직무를 잘 수행할 수 있을지 아닐지는 경험해보고 나서 판단해도 늦지 않다.

불안과 두려움은 실제가 아니다. 그것은 자신의 인식이 만들어낸 허구일 뿐이다. 새로운 일을 앞두고 우리에게 찾아오는 두려움은 한 단계 도약하라는 자극제이다. 사람에게는 실패로부터 자신을 보호하려 애쓰는 내면의 아이가 존재한다. 하지만 언제까지나 어린아이로 머무를 수는 없다. 당당히 맞서는 어른이 되어야 한다. 성장하려는 사람은 필연적으로 두려움과 불안을 느낀다. 두려움과 불안은 성장의 동반자이다.

좌절할 것이 두려워서, 실패할까봐 불안해서 이 감정을 피하려고만 하면 좌절, 두려움, 불안은 실체도 없이 커진 채로 우리를 집어삼킬 것이다. 좌절과 불안, 두려움을 정면으로 바라보고 이것의 실체를 반대로 생각해보자. 좌절은 희망을, 불안은 희열을, 두려움은 성장을 의미한다.

에픽테토스는 "인간은 현상이 아니라, 현상에 대한 자신의 생각 때문에 불안해진다"고 했다. 좌절과 불안, 두려움이 찾아오는 이유는 실패한 과거에 생각이 묶여 있기 때문이다. 그러한 과거를 항상 현재에 대입한다면, 앞으로 나아갈 수 없다. 과거의 실패는 어쩌면 실패가 아닐지도 모른다. 과거에 실패라고 여겼던 수많은 일은 관점에 따라 성장의 밑거름이 될 수도 있다.

실패한 과거의 시선으로 현재를 바라보면 모든 것이 두려워진다. 이것은 사실도 아니고 객관적이지도 않다. 실패라는 필터로 세상을 바라보고 있는 셈이다. 과거의 실패로 인해 움츠러들 필요는 없다. 과거는 과거일 뿐이니 그저 흘러가게 내버려두자. 현재까지 자꾸 과거의 일을 소환할 필요는 없다.

인간은 시시각각 변화한다. 어제의 내가 오늘의 나인가? 꼭 그렇다고 볼 수는 없다. 시간은 쉼 없이 흘러가고, 세상은 시시각각 움직이고 있다. 그런데 나는 과거의 일에 묶여서 좌절하고 불안해하고 두려워한다면 나만 세상에서 뒷걸음질치고 있는 셈이다. 살면서 좌절과 불안, 두려움을 겪지 않는 사람은 아무도 없다.

불안을 다스리는 가장 좋은 방법은 불안의 실체를 확인하는 것이다. 외출을 했는데 고데기 전원을 껐는지 안 껐는지 기억이 잘 나지 않는다. 고데기 전원을 끄지 않았다면 불이 날지도 모른다. 이러한 불안을 잠재우는 가장 좋은 방법은 집에 다시 들어가서 확인해보는 것이다. 무섭고 두려운 감정이 나를 지배한다면, 그 실체를 먼저 확인해보라. 자라 보고 놀란 가슴은 솥뚜껑을 보고도 놀라는 법이다. 내가 두려워하는 실체가 자라인지 솥뚜껑인지 실체를 확인하기 전까지는 불안의 크기를 가늠할 수 없다.

불안이 온다는 건 한 단계 더 성장하라는 신호다. 좌절과 두려움, 불안을 극복했을 때 우리는 더 강한 자아를 만나게 된다. 불안이라는 자극을 어떻게 활용할 것인가. 불안이라는 괴물은 내가 허락하지 않는 한, 나를 조종할 수 없다.

나 자신은 판단의 대상이 아니라
사랑의 대상

주말에 뭘 해야 할지 굳이 고민하지 않는다. 주말에는 나를 만나는 시간이기 때문이다. 자신에게 침잠하는 시간이 소중하다. 특별하게 어딜 나가지 않아도 괜찮다. 무얼 보지 않아도 괜찮다. 누굴 만나지 않아도 괜찮다. 놀 거리가 없어도 괜찮다. 나에게는 내가 있다. 아무것도 없는 독방에 나 혼자만 있어도 괜찮다. 스마트폰이 없다면 더 좋다. 스마트폰이 있는 세상은 시시각각 나를 남들과 비교하고 판단하게 된다.

우리는 나를 관찰하는 대신 타인이나 물건, 사건, 현상에 더 관심이 많다. 그런 것들에 주의를 빼앗기다 보니 자신을 자세히 관찰할 시간이 없다. 내가 아닌 다른 것들에 주의를 빼앗기게 되면 남는 건 비교와 판단이다. 그러다 보면 자괴감에 빠지기 쉽다. 이런 감정은 우리의 자존감을 낮추고 자신감을 앗아간다. 판단하는 대신 나를 관찰해보자. 관심 어린 애정의 시선으로 바라보자. 나의 장단점, 특이점, 버릇, 취미, 좋아하는 음식, 시간을 보내는 방법. 자신을 제삼자의 시선으로 관찰해보면 분명 새롭게 발견하는 것이 있을 것이다.

자신을 비교와 판단의 대상에서 해방시키려면 일단 나를 관찰하는 시간을 늘려야 한다. 처음에는 쉽지 않을 것이다. 나를 관찰하다니. 남도 아니고, 물건도 아니고 나를 내가 어떻게 관찰해야 한단 말인가? 자신을 관찰하는 방법을 간단하게 정리해보면 아래와 같다.

1. 비판적인 시선이 아닌 애정 어린 마음을 준비한다.
2. 스마트폰이나 전자 디바이스가 없을수록 좋다.

3. 혼자 있어야 한다(아무것도 없는 방일수록 좋다).

4. 셀프 인터뷰를 해본다(거창하게 준비하지 않아도 된다. 평소 궁금한 걸 물어본다).

5. 내 과거와 현재와 미래를 생각해본다.

사람은 혼자 있는 시간이 길어질수록 자신과 깊게 대화할 수 있다. 마음속에서 들리는 내면의 소리에 귀를 기울이고 집중하게 된다. 방해하는 것이 없기 때문이다. 나 자신과 대화하면 감정과 생각을 이해할 수 있다. 나를 싫어하는 마음보다 이해하는 마음이 커진다. 자신과 친해질수록 내면을 깊이 있게 살펴볼 수 있다. 드디어 내가 나를 소외하지 않게 된 것이다.

우리가 애정 있게 바라볼 대상은 첫 번째, 나 자신이다. 정신없이 바쁘게 살다 보면 항상 내가 소외당한다. 주말마다 약속을 잡고 밖으로 돌다 보면 풍광에 마음을 빼앗기거나 남들의 이야기에 묻혀 나를 관찰하기가 쉽지 않다. 내가 나를 소외하니 항상 어딘가 외롭고 쓸쓸하고 두렵고 불안하다. 마음의 불안과 두려움은 나를 소외하는 데서 기인한다.

타인의 욕망을 자신의 것처럼 욕망하면서 사는 현대인에게는 자기소외가 낯설지 않다. 그래서 내 안에 무엇이 들어 있는지 집중하기보다는 타인이 가진 것과 내가 가진 것을 자꾸 비교하고 판단하는 데 시간과 에너지를 빼앗긴다.

'나'라는 존재는 까도 까도 끝이 없는 양파 같다. 무엇이 안에 들어 있는지 꺼내어 보기 전까지는 어떤 재능과 능력과 매력을 가졌는지 알 수 없다. 자신을 사랑하고 자신에게 집중하는 사람만이 자기 안에 있는 것들을 꺼낼 수 있다. 나에게 집중하는 사람은 자신에게 애정이 있는 사람이다. 나를 사랑하지 않으면 자꾸 나를 멀리하고 싶기 때문이다. 나를 진정으로 사랑할 수 있어야 타인도 온전하게 사랑할 수 있다. 모든 것의 시작은 자기 자신이다.

내가 원하는 삶을
그린다는 것

지나간 과거를 추억하기도 하고, 아직 오지 않은 미래를 상상할 수도 있는 능력을 타고난 우리는 어린 시절부터 무한한 상상력을 펼쳤다. 아이는 모두 예술가라는 말이 있듯이 나도 방구석에서 상상하는 걸 좋아하는 아이였다. 상상을 표현하는 방법은 여러 가지다. 미술에 재능이 있다면 그림으로 표현하기도 하고, 음악에 재능이 있다면 악기를 연주하거나 노래로 표현한다.

나는 다른 재주는 없어서 내가 상상을 표현할 수 있던 방법은 오직 글쓰기뿐이었다. 중학생 때 노트에 영화 시나리오를 쓰기 시작했는데, 머릿속에서 머물러 있던 이미지를 어휘와 문장으로 구체화하는 과정이 짜릿했다. 그렇게 상상을 글로 풀어놓자 정확하게 원하는 것이 무엇인지, 취향이나 가치, 이루고자 하는 바가 모두 또렷하게 생성되었다.

그때 내가 어떤 삶을 꿈꾸는지 명확하게 인지하게 되었다. 나는 예술가가 되고 싶었다! 남들과는 다른 길을 걷고 싶었던 몽상가이자, 표현할 재주라고는 글쓰기밖에 없었던 중학생은 고등학생이 되고, 수능을 보고, 대학에 가고, 취업을 했다. 그러면서 부단히 현실을 쫓아가느라 바쁘게 살았다.

삶이 힘들 때마다 내가 주도적으로 만든 이미지를 떠올리며 지옥 같은 시간을 버틸 수 있었다. 자신이 주도적으로 만든 이미지의 힘은 크다. 그 이미지는 사회의 욕망과 타인의 욕망이 아닌 오랜 시간 고심하고 다듬어간 자신의 순수한 욕망이 들어 있기 때문이다.

스스로 내면세계를 탐구하고 이를 구체적인 이미지로 표현하는 것을 심상화(Imaging)라고 한다. 심상화는 치유의 과정에서 꼭 필요하다. 감정적 이해와 위로를 제공하고, 내면 탐구를 통해 내가 원하는 나의 모습을 정해 나간다. 남들이 다 좋다고 하는 모습을 쇼핑하듯이 고를 수도 있지만, 결국 능동적으로 세운 모습이 아니기에 자신이 바라는 모습과는 차이가 있을 수밖에 없다.

때때로 사람들은 연예인을 자신의 롤 모델로 삼기도 한다. 하지만 그 연예인이 내 삶과 큰 관련이 있을까? 왜 연예인의 이미지를 이상적으로 여기는 걸까? 미디어에서 연출하는 이미지는 그야말로 타인들의 욕망으로 점철되어 있기 때문이다. 내가 진정으로 원하는 나의 모습과는 반드시 구분되어야한다. 내 마음속에 다른 누군가가 살아 숨 쉬게 하지 말고 스스로를 살아 숨 쉬게 하라. 마음의 지분을 나와 관련 없는 누군가에게 내어주지 말고 자신을 상주하게 하자.

용기는 두려워하지 않는 것이 아니라
우리의 가장 깊은 두려움을 극복하는 것이다.

-조나단스위프트

4장

회복탄력성을
삶과 연결하는 방법

시련과 고통을 겪은 마음은 하루아침에 손바닥 뒤집히듯이 치유되지 않는다. 현재 내가 할 수 있는 일에 집중하면서 일상을 회복해야 힘이 축적된다. 사람이 위기에 직면했을 때는 자신에 대한 통제권을 쉽게 잃어버린다. 그래서 일상의 통제권을 찾는 일이 급선무이다. 아침에 일어나서 이부자리를 정리하고, 밥을 먹고, 청소를 하는 일이 가장 기본적인 영역이다. 아주 소소한 일이 모여 건강한 보통의 일상을 만든다.

목표가 삶의 나침반이 되어준다

30년 가까이 목적 없는 삶을 살았다. 남들만큼만 하는 것이 최대의 가치였다. 조금이라도 힘든 상황이 닥치면 작은 비바람에도 쉽게 좌초하는 뗏목을 탄 듯 휩쓸렸다. 인생이 망망대해처럼 느껴졌다. 발이 땅에 닿지 않는 물속에서 허우적대는 느낌으로 살아갔다. 삶의 '나침반' 역할을 하는 목표와 가치가 없었기 때문이다. 나침반이 없으니 어느 방향으로 가야 할지 모른다. 눈은 뜨고 있으나 보지 못하는 상태로 인생을 살아가게 된다.

그래서 남들이 좋다는 건 다 해보고, 반짝이는 것만 쫓는 불나방의 삶을 살았다. 가치가 뚜렷하지 않으면 남의 가치를 나의 가치라고 착각한다. 남의 욕망을 내 욕망이라고 여긴다. 남들도 다 그렇게 사니까 의심 없이 흘러가는 대로 살게 된다.

사회적 동조압박에서도 자유롭지 못하다. 사회적 동조압박이란 개인이 주변 사람들의 의견이나 행동에 영향을 받는 것을 말한다. 대다수와는 다른 의견을 표현하면 배척당할 가능성이 있어 개인은 자신의 의견을 숨기거나 스스로 억압할 수 있다. 개인의 다양한 관점은 존중받아야 하는데 사회적 동조압박이 강한 사회에서는 쉽지 않다. 창의성이나 자율성, 독립성을 제한받을 수 있다.

"나는 어떤 사람인가?"라는 질문에 3초 안에 명쾌하게 대답하는 사람을 아직까지 본 적이 없다. 이 질문을 받으면 사람들은 당황해한다. 이런 질문을 받아본 적이 없기 때문이다. 대부분 '누구의 엄마', '누구의 아빠' 혹은 직장과 소속부서를 이야기한다. '나는 누구인가?'를 묻지 않았다. '나는 어떤 사람인가'를 물었다. 관계나 하는 일을 떠나서 나는 누구인가? 관계나 일을 떠난 자신은 성립할 수 없는 것인가?

내가 추구하는 목표와 가치관을 명확하게 가지고 있지 않다면 그 자리는 관계나 직장이 차지하게 된다. 하지만 관계는 추구하는 진정한 자아상이 아니며, 일이나 직장 또한 영원하지 않다.

우리는 인생에서 수많은 갈림길을 만난다. 목표와 가치관이 없는 삶은 갈림길에서 선택 기준이 없다 보니 자신도 모르는 사이에 타인의 가치관과 목표대로 정처 없이 흘러간다. 타인에 따라 살면 당장은 편하다. 고민하고, 부딪치고, 대면하지 않아도 되니까. 하지만 그렇게 따라가는 삶을 산다면 나중에는 분명 길을 잃는다. 삶의 많은 문제가 진정한 자아를 찾지 못하고 목표 없이 떠돌다가 일어난다. 길을 잃고 방황하는 시기를 우리는 시련과 고통이라고 부른다. 시련과 고통이 찾아온 이유는 진정한 삶의 목표와 가치를 정립하기 위해서이다.

지금 당장 뚜렷한 목표와 가치가 없더라도 찬찬히 찾아보면 된다. 목표와 가치는 결코 변치 않는, 절대값이 아니다. 삶의 모양이 변하면서 진화해가기 마련이다. 그러니 가만히 자신을 들여다보면서 목표와 가치라고 생각하는 것들을 적어보자. 해마다 목표와 가치가 조금씩 변화할 수 있다. 앞으로 무엇을 하며 살고 싶은지, 인생의 진짜 의미는 무엇인지 차근차근 생각하다 보면 진정한 자아가 추구하는 목표와 가치를 발견할 수 있을 것이다.

구체적인 계획이
행동의 지도가 된다

어떤 일을 하다가 중도포기하면 끈기 부족을 주된 원인으로 꼽는 사람들이 많다. 그렇다면 만성 중도포기의 원인! 끈기 부족을 어떻게 해결하면 좋을까? 일단 자신을 끈기가 없는 사람으로 설정하면 된다. 그러면 애초에 중도포기 한다는 걸 상정해놓을 수 있다. 중도포기하는 것을 당연한 일로 여기면 해결책이 보인다.

장기 프로젝트에 돌입하면 끈기가 없어서 중도 하차가 당연하다고 예상하고 일을 시작하는 것이다. 3년이 걸리는 장기 프로젝트를 계획한다고 가정할 때 분명 끈기가 없으니 1년 후에 중도포기를 할 것으로 예상할 수 있다. 그렇다면 3년 프로젝트는 4년이 걸린다. 1년 하다가 또 그만둘 것을 예상한다면 시간은 더욱 늘어난다. 3년 프로젝트를 3개로 쪼개서 하나를 하고 쉬는 걸로 목표를 바꾸면 어떨까?

장기 목표일수록 중간단계를 짧게 만들어야 목표 달성이 쉽다. 그래서 끈기가 없는 사람일수록 계획을 촘촘하게 구체적으로 세워야 한다. 세상의 모든 일이 계획대로 되는 것은 아니지만 최소한 끈기를 이유로 중도포기하는 일은 막을 수 있다. 중도포기할 때의 패턴도 알아차릴 수 있다. 그러면 사전에 중도포기를 차단하는 일도 가능하다.

책을 쓸 때 포기하고 싶은 구간이 있다. 일단 가장 먼저 뼈대에 해당하는 목차를 잡을 때다. 기가 막힌 주제라며 신나게 목차를 쓰다가 절반도 채우지 못하고 책 쓰기를 접게 된다. 목차 만들기의 과정을 넘겨도 열 페이지쯤 쓰다 보면 슬슬 이 주제로 한 권의 책을 다 완성하지 못할 것 같은 예감이 든다. 그럴 때마다 스케줄러를 펼쳐본다. 여기서 내가 방황하고 있으면 올해 세웠던 계획이 상당히 어긋난다. 정신이 바짝 든다.

계획을 다이어리에 적어 나가다 보면 처음 시작했을 당시의 마음이 고스란히 남겨놓을 수 있다. 그래서 중간에 포기하려고 할 때마다 왜 이 일을 시작했는지, 그 동기와 당찬 계획을 보면서 마음을 다잡을 수 있다. 지금 무엇이 잘못되어 가고 있는지 원인을 알 수도 있다. 처음 계획을 짤 때는 포부와 자신감으로 정보를 최대한 많이 수집한다. 완벽한 정보는 아닐지라도 목표와 자신을 가깝게 하는 데 도움이 될 수밖에 없는 자료다. 그런 흔적을 보면서 현상황을 점검해볼 수 있다.

계획은 구체적인 행동의 지도라고 볼 수 있다. 그래서 계획이 구체적일수록 실현 가능성이 높아진다. 중도에 포기하고 싶은 마음이 들더라도 처음에 세웠던 계획을 차츰 수정하고 보완한다면 점차 완성에 가까워진다.

6개월짜리 프로젝트라면 계획이 촘촘하게 들어갈 수 있는 다이어리부터 구매한다. 다이어리에 구체적 목표와 일정을 쓰고 나면 머릿속에서 시뮬레이션이 돌아간다. 일일 마감, 주 마감, 월 마감, 분기 마감이 분명히 담겨 있는 다이어리를 들여다보면 데드라인이 확실하게 머릿속으로 각인된다. 밀도 있는 계획에 반드시 들어가는 요소는 숫자이다. 목표를 숫자로 변환하면 확실하게 내가 어디쯤 있는지 알게 된다. 숫자가 없는 목표는 이루어지지 않는다.

목표는 구체적일수록 좋다. 구체적이고 측정 가능하며, 달성 가능하고 현실적이며, 시간제한이 있어야 한다. 목표 달성에 필요한 작업들을 분류하고, 각 작업마다 예상 소요시간과 자원을 계산하고 우선순위를 부여한다. 계획에 따라 일정을 관리하고, 일정을 지키기 위해 미리 계획을 세우고 일정에 맞게 일을 진행한다.

중요한 것은 의지가 아닌 밀도 있는 계획이다. 의지는 믿을 만한 것이 못 된다. 의지의 역량은 들쭉날쭉해서 꾸준하게 지속되지 못한다. 의지 대신 밀도 있는 계획을 세운다면 생활 전반이 계획을 우선순위에 두고 돌아간다.

또, 일을 진행하면서 계획을 수정하고 보완하는 작업도 필요하다. 유연한 수정, 보완 또한 목표를 달성하게 하는 과정이다. 예상치 못한 상황이 생기더라도 탄력 있는 대안 계획이 있다면 목표를 달성하는 데 영향을 덜 받게 된다. 이런 과정을 거치다 보면 목표를 달성할 확률이 더욱 높아진다.

목표를 달성하는 경험은 여러 가지로 소중한 체험이 된다. 계획한 목표를 달성함으로써 자기 효능감이 강화된다. 강화된 자기 효능감은 어려운 시기에 더욱 빛을 발한다. '나는 할 수 없다'가 아닌 '나는 해낸 경험이 많아서 목표 달성이 어렵지 않다'라고 생각하게 되어 도전을 두려워하지 않고 강건하게 대처할 수 있게 된다. 도전에 긍정적인 생활 태도는 여러 기회를 내 것으로 만들 수 있다. 꺾이더라도 금세 다시 회복하여 도전하는 힘을 기를 수 있다. 이 과정에서 얻게 되는 지식과 경험 또한 삶의 중요한 자산이 된다.

숫자가 들어간 구체적인 계획을 실행한다면 기회라는 신 카이로스의 모습을 자주 보게 될 것이다. 기회는 항상 우리 곁에 있다. 다만 기회의 신을 긍정적으로 바라보는 마음과 그러한 눈을 지닌 자에게 잘 보인다. 기회를 잘 알아차리는 사람은 우연마저 필연으로 만들어버린다. 그리고 그 기회를 잡을 용기와 배짱이 있는 사람에게만 온전히 기회로써 작동된다.

스몰 스텝,
작은 것부터 시작하자

근육 운동은 가장 가벼운 무게를 드는 것부터 시작해야 한다. 체중이 많이 나간다고 덤벨을 무리하게 설정하면 운동 첫날부터 부상당하기 쉽다. 모처럼 크게 마음을 먹고 운동을 시작했어도, 처음엔 하는 둥 마는 둥 가볍게 시작해야 지속할 수 있다. 나는 주 3회 이상 운동을 시작한 지 6년이 흘렀다. 열심히 하는 것보다 중요한 건 지속력이다. 근육이 생성되지 않은 상태에서 무리하게 힘을 주면 지속 가능성은커녕 운동 자체에 트라우마가 생길지도 모른다.

노년에 근육 1kg의 가치는 돈으로 환산하면 1,300만 원이다. 노년 건강의 질은 근육 무게가 결정한다는 말이 있을 정도다. 특히 하체근육이 중요한데, 우리 몸 근육의 70%가 하체에 몰려 있기 때문이다. 다리가 얇아지는 것이 눈에 보일 정도로 근육이 감소하고 있는 칠순의 아빠에게 근육 운동을 권해드렸다. 아빠는 팔 근육 운동을 하다 손목을 다친 경험 때문에 근육 운동을 꺼려하신다. 운동 방법이 잘못되거나 무리한 운동을 했을 가능성이 크다. 그래서 아빠에게도 가장 가벼운 무게로 시작하라고 권해드렸다.

근육은 단시간에 만들어지지 않는다. 무리하면 부상이라는 치명적 결과가 온다. 마음의 근육도 마찬가지다. 일단 근육이 생기면 무거운 덤벨도 아무렇지 않게 들어올릴 수 있듯이 우리의 마음도 작은 것부터 실행해서 단단하게 만들어야 한다. 큰 시련을 겪었다면 일상 회복이 가장 중요하다. 당장 자신이 할 수 있는 작은 것부터 실행하면서 회복하면 마음의 근력도 조금씩 붙는다. 마음이 어지럽다면 일단 청소부터 하자. 침대부터 가지런히 정리하고, 깨끗이 씻고 맛있는 것을 먹자.

한결 마음이 가벼워짐을 느낄 수 있을 것이다.

사람이 위기에 직면했을 때는 자신에 대한 통제권을 쉽게 잃어버린다. 그래서 일상의 통제권을 찾는 일이 급선무이다. 아침에 일어나서 이부자리를 정리하고, 밥을 먹고, 청소를 하는 일이 가장 기본적인 영역이다. 아주 소소한 일이 모여 건강한 보통의 일상을 만든다.

시련과 고통을 겪은 마음은 하루아침에 손바닥 뒤집히듯이 치유되지 않는다. 현재 내가 할 수 있는 일에 집중하면서 일상을 회복해야 힘이 축적된다. 그렇게 스몰 스텝을 통해서 자신에 대한 통제권을 되찾을 수 있다.

무슨 일을 하든 방해 없이 이뤄내는 성과는 없다. 처음 방해를 받으면 당황하게 되어 있다. 거기에서 꺾이면 작은 한 걸음조차 내딛기 힘들다. 하지만 아주 작게 스텝을 밟으며 전진한다면 차츰 강력한 방해에도 의연해진다. 작은 발걸음이 마음 근력을 단단하게 하기 때문이다. 앞으로 나아가려는 데 방해를 받으면 작게나마 나만의 대비책이 생긴다. 조금씩 천천히, 무리하지 않는 선에서 움직여보고 실행해보는 것이다.

글이 써지지 않을 때는 술을 마시지 않는다. 스트레스를 받아도 술로 해결하지 않는다. 술 대신 대비책은 산책이나 운동이다. 아무리 작은 시간이라도 조금이라도 몸을 움직이려고 한다. 술 대신 움직임이라는 대비책을 가동한 덕에 책을 쓰고 강연도 꾸준하게 할 수 있는 체력이 생겼다.

만약 내가 하는 일에 방해를 받을 때마다 산책이나 운동 대신 음주로 해소하려고 했다면 어떻게 되었을까? 소소한 일들로 채워진 건강한 일상을 만들기가 힘들었을 것이다. 작은 것은 시작하기가 쉬워서 쌓기도 쉽다. 힘들 때 미치지 않으려면 소소하게 건강한 방어력을 만들어두자. 아주 작은 것이라도 건강한 방어력은 힘들 때 큰 도움이 된다.

'오늘도 성장했다'는 생각이 중요하다

인류의 과학문명은 한순간에 이루어지지 않았다. 수많은 과학자의 실패 위에 세워진 문명이 현재 우리가 누리는 문명의 실체이다. 과학에는 성공이 없다. 과학자들의 수많은 실패가 지금 인류가 이룬 문명의 토대이다. 과학에는 실패도 성공도 없는 셈이다. 다만 성장이 있을 뿐이다. 이를 우리의 인생에도 빗대어 생각해보자. 우리의 인생에도 실패도 성공도 없다. 다만 성장이 있을 뿐이다.

하임 바이츠만은 벨라루스 출신의 유대인 화학자였다. 합성고무를 만들기 위해 여러 차례 실험을 진행하던 그는 끝내 합성고무를 만들지 못하고 실험결과를 간직해두었다. 당시 제1차 세계대전이 발발해 각국은 치열한 전투를 거듭했는데 화약의 필수재료인 아세톤이 대량으로 필요했다.

영국이 아세톤 만드는 방법을 몰라 쩔쩔매고 있을 때 아세톤을 대량 생산할 수 있다고 나타난 사람이 있었다. 바로 하임 바이츠만이었다. 합성고무를 만들다 실패했던 실험들 덕분에 아세톤을 만들 수 있는 박테리아를 발견했던 것이다. 하임 바이츠만 덕분에 영국은 아세톤을 대량 생산할 수 있었고, 연합국의 승리로 이어졌다.

그 결과 하임 바이츠만은 부와 명성을 얻고 이스라엘 초대 대통령의 자리까지 오르게 된다. 합성고무를 만드는 데는 실패했지만 그 실패는 바이츠만을 대통령으로 만들어주었다. 오늘 실패한 일이 내일 나에게 어떤 결과를 만들어줄지 아무도 모른다. 실패가 아니라 성장이라는 생각으로 실패를 두려위하면 안 된다. 만약 하임 바이츠만이 합성고무를 만드는 데 실패했다고 절망에 빠져 그 결과를 기록하지 않고 모두 폐기했다면 세계사는 어느 방향으로 흘러갔을지 모를 일이다.

내가 하는 모든 생각과 행동과 마음이 결국 미래의 나에게 영향을 준다. 성장은 쉽게 이루어지지 않는다. 인간은 성인이 되기 위해 20년이라는 세월이 필요하다. 걷기 위해 2천 번을 넘어져야 한다. 키가 크려면 성장통을 앓아야 한다. 나는 12살부터 13살 사이에 12cm가 자랐는데 매일 밤 다리가 아팠다. 피할 수 없는 성장통이었다. 성장통이 싫다고 키를 포기할 수는 없는 노릇이다.

자크 라캉은 모든 실패한 행위에는 성공한 메시지가 담겨 있다고 했다. 어제, 오늘, 내일도 지속해서 시도해보는 일상은 힘들 것 같지만 뿌듯함이 더 크다. 빈센트 반 고흐는 소소한 일들이 조금씩 모여 위대한 성과를 이룬다고 했다. 고흐도 매일 명작을 그리진 못했다. 하지만 매일 그리다보니 명작이 나왔다.

매일 쓰다 보면 명작이 나올지도 모르니 나도 그날을 위해서 뭔가를 또 써 본다. 잘 안 풀려도 쓴다. 매일 모니터 앞에 앉아서 키보드 때리기를 멈추지 않는다. 혹시, 내일은 글이 잘 써질지도 모르니까. 쓰다 보면 잘 써진다. 매일 쓰지 않으면 퇴보하는 느낌이 든다. 글이 안 풀려도 그걸 넘어서는 순간이 오면 짜릿하다. 성장하는 느낌도 든다. 일상에서 시도하기를 멈추지 않으면 언젠가 잘 풀리는 날이 오는 걸 경험으로 알 수 있다.

많은 사람이 반복적인 일상에 무료함을 느낀다. 이 무료함을 짜릿함으로 바꾸는 좋은 방법이 있다. 매일 도전하고 실패하면 된다. 도전하는 건 힘들지만 지루하지는 않다. 20세기 전반에 출간된 소설 중에 최고라고 불리는 《잃어버린 시간을 찾아서》의 저자 마르셀 프루스트의 자필 원고를 보면 온통 빼곡한 퇴고 흔적 때문에 글씨를 알아볼 수 없을 정도다. 무수히 고친 흔적과 밑줄, 수정하고 재배치한 문장들로 얼마나 퇴고를 여러 번 거쳤는지 알 수 있다. 천재로 불리는 작가들도 고뇌의 시간을 거치면서 오랜 시간 퇴고에 공을 들인다.

나는 책 한 권을 탈고하기 위해서 전체 원고 프린트를 20번 정도 한다. 초고는 못 봐주겠다. 스무 번째 프린트한 원고는 좀 봐줄 만하다. 오늘 쓴 글은 쓰레기라 할지라도 매일 손보면 썩 괜찮아진다. 니체는 인간은 교량이라고 했다. 오늘 성장했다는 느낌이 내일을 위한 교량이 된다. 오늘을 그냥 보내지 않고 교량이라도 건설했으니 얼마나 뿌듯한가.

부정적인 생각을
소거하는 가장 좋은 방법

마감 기한이 다가올수록 초조해진다. 모든 작가가 대개 그렇겠지만 마감이 얼마 남지 않을수록 마감을 지키지 못할 것 같은 부정적인 생각이 든다. 마음은 초조한데, 글은 잘 안 써지고 간신히 완성한 문장들은 다시 읽어보니 형편없다. 그전에 써놓은 부분까지 자신이 없어진다. 마감을 미루면 나뿐만 아니라 책에 관련된 모든 사람을 힘들게 한다. 일정을 맞추지 못한 원고 쓰기는 아무리 글을 잘 쓸지언정 쓸모가 없다.

2014년에 출간한 《단순하게 사는 즐거움》이란 책이 있다. 이 책을 계약해놓고 수술을 하는 바람에 내게 주어진 마감시간은 단 5일에 불과했다. 5일 만에 책의 70%를 집필하고 탈고했다. 잠자고 밥 먹고 물을 마시는 것 외에는 하루 종일 책상에 앉아서 5일 동안 원고만 썼다. 5일 만에 탈고할 수 있을지 않을지는 확신하지 않았지만 최선을 다했다. 그랬더니 결국 5일 만에 책의 70% 분량을 쓰는 경험을 할 수 있었다. 가끔 원고 쓰기 진도가 나가지 않을 때는 그때 온몸으로 경험한 감각을 되살려본다. 한번 체험한 사람은 그 감각을 잊지 않는다.

부정적인 생각을 한다고 해보았자 눈앞의 문제는 해결되지 않는다. 해결은커녕 문제는 더 커지만 간다. 그럴 때는 결과는 하늘에 맡기고 하나둘씩 문제 해결을 위한 행동에 나서보자. 아주 작은 것부터 불과하더라도 행동하면 할수록 부정적인 생각은 긍정적인 생각으로 바뀐다. 부정적인 생각을 소거하는 가장 좋은 방법은 할 게까지 해본다는 마음이다. 이판사판 공사판인데 끝까지 최선을 다하다면 경험이라도 쌓일 것이 아닌가. 손해 볼 건 없다. 부정적이 제기에 휘저어 아무것도 하지 못하는 칭찬이라는 낯지 않은가.

부정적 감정은 부정적 결과를 이끌어내지만 긍정적 감정
은 긍정적 결과를 이끌어낸다. 부정적 감정 대신 긍정적 감정
을 선택한다고 해서 든 드는 것도 아니다. 부정적 감정은 아
무것도 행동할 수 없게 무력감과 불안을 키우지만, 긍정적 감
정은 문제 해결을 위한 작은 행동 하나라도 할 수 있게 하는 원
동력을 제공한다.

결과를 미리 단정할 수는 없지만 끝까지 최선을 다하면 뭐
가 되긴 된다. 인생에는 셀 수 없는 포기하고 싶은 순간들이
찾아온다. 그럴 때마다 부정적인 생각이 앞선다면 또 하나의
거다란 장벽을 만드는 것이다. 부정적인 감정을 통제하는 사
람은 자신의 감정을 통제할 수 있다는 생각만으로 원하는 삶
을 살 수 있다. 감정을 통제하는 능력은 삶 전체를 통제할 수
있다는 자기 효능감을 심어주기 때문이다. 자기 효능감이 높
을수록 어려운 상황에서도 자신의 능력에 대한 믿음이 생긴
다. 삶을 견뎌낼 수 있다는 통제 능력에 대한 자신감이다.

162

부정적인 생각은 인생의 무력감을 선사하고 그 무력감은 불안을 유발하는 강력한 요인이 된다. 자, 우리는 이제 선택을 할 수 있다. 부정적 생각에서 벗어나지 못한 채 인생을 두려움과 불안에 떨면서 무기력하게 보낼 것인가, 아니면 긍정적인 사고를 통해 삶을 통제할 수 있다는 자기 효능감을 가질 것인가.

다른 사람에게도
마음의 후원자가 되어주자

　　뭐든 열심히 하려는 청년이 있다. 성격도 밝고 싹싹한 데다가 붙임성도 있어서 응원해주고 싶은 마음이 절로 드는 착실한 청년이다. 청년은 자신의 사업에도 최선을 다했다. 하지만 코로나 직격탄을 맞고 폐업을 결정해야 했다. 인생 처음으로 겪는 시련인지라 실망의 골은 깊었다. 청년은 억울했다. 코로나만 없었더라면 이 지경까지 되지 않았을 거라는 생각이 꼬리를 물었다. 어떻게 해서든 빚도 갚아야 한다. 남들은 자리를 잡고 결혼할 나이에 청년은 한숨만 쉬고 있다.

여러분이라면 이 청년에게 어떤 말을 해주고 싶은가? 이 청년은 앞으로 어떻게 살아야 할까? 우리는 이 청년의 가족이나 지인이 아니기에 청년의 상황을 비교적 객관적으로 볼 수 있다. 청년은 아직 젊다. 절망만 하기에는 아직 이르다. 인상적인 실패는 인상적인 깨달음을 가져온다. 이 청년의 실패는 평생 동안 보약으로 쓰일 것이다. 청년의 인생은 길다. 앞으로 가야 할 길이 구만리다. 빚을 갚을 시간이 충분히 있을 것이며, 실패는 성장의 디딤돌이 되어줄 것이다.

이 청년의 상황에 자신의 현재 상황을 대입해보자. 자신의 상황 또한 객관적으로 보일 것이다. 글을 읽는 당신은 이 청년의 상황과 전혀 다를지도 모른다. 혹은 비슷한 처지에 놓여 있을 수도 있다. 내가 이 청년이라면 현재의 상황을 객관적으로 보기 힘들 것 같다. 절망의 상황에 나를 타인으로 상정하고 객관적으로 본다면 내가 지금 할 일이 무엇인지 보인다.

타인에게 마음의 후원자가 되어줄 수 있다면 자신에게도 고통과 시련의 시간이 왔을 때 타인을 응원해준 것처럼 스스로의 마음을 보살피고 셀프 격려도 가능하다. 마음은 습관이다. 다른 사람에게 힘이 되어준 경험이 있다면, 그러한 마음이 습관으로 자리 잡았다면 그를 통해서 나의 마음에도 근육이 붙는다. 그래서 나에게 그런 좌절의 순간이 온다 해도 쉽게 빠져나오게 된다. 마음의 후원자가 되면 결국 자신에게 유익하다. 다른 사람을 돕고 응원함으로써 우리는 만족감을 얻는다. 선한 마음을 통해 자신에게 좋은 영향을 미치는 것을 경험하게 된다.

우리 가족은 10년 넘게 베트남 아이를 후원했다. 그 아이는 무럭무럭 성장해서 이제 세상에 나올 준비를 하고 있다. 우리는 그 아이의 성장과정을 소중히 간직하고 있다. 그 아이와 우리 가족이 나눈 이 경험이 민들레 씨처럼 세상을 돌고 돌아 따뜻한 마음과 응원의 새싹을 틔우길 바란다.

마음의 후원자가 되려면 타인의 이야기를 듣고 관심을 가져야 하기 때문에 저절로 시각이 확장된다. 나의 세계가 확장하고 다양성을 인정하는 데 큰 도움이 된다. 제삼자라는 객관적인 관점에서 새로운 해결책을 찾기 때문에 문제 해결 능력도 자연스럽게 향상된다. 결국 우리가 타인에게 마음의 후원자가 되면 나와 내 주변 사람들에게 긍정적인 영향을 주게 된다는 것이다.

살다 보면 누구나 절망의 순간이 찾아온다. 예고 없이 찾아오는 시련의 시간에 누군가를 따스한 마음으로 격려하고 응원했던 시간을 기억하면서 자신의 고통을 객관화해본다. 지금 눈에 선명하게 보이지는 않지만 세상의 누군가는 나를 응원하며 내가 이 시련과 이 시간을 현명하게 이겨내길 마음속으로 간절하게 바라고 있다.

동기부여를 주고받는
관계를 맺어보자

8년째 운영하고 있는 네이버 카페 '사고혁신연구소'에는 매달 함께 읽는 지정도서가 있다. 카페 회원들이 모두 같은 책을 읽고 질문에 답변하는 시간을 가지는데, 하나의 책을 여러 개의 뇌로 읽는 듯한 효과가 있다. 저마다 경험도, 나이도, 직업도 다르기에 다양한 관점의 이야기를 들을 수 있다는 재미가 있다. 독서에 대한 동기부여는 물론 다른 생각을 존중하고 이해하는 공유의 장이 되기도 한다.

독서라는 공통된 관심사를 토대로 온라인에서 만났기 때문에 상호 동기부여가 높아진다. 서로의 독서를 지지해주고 응원하는 문화가 자리 잡아 진솔한 소통이 오간다. 혼자 독서하면 혼자만의 생각에 빠지기 쉽지만 같이 독서하고 이야기를 나누면서 책을 읽는 재미가 증폭한다. 지정도서라는 매개 덕분에 온라인 상에서의 피상적인 관계가 서로를 지지해주는 관계로 발전하기도 한다. 책 한 권을 가지고 이렇게나 다양한 이야기를 주고받고, 관계를 형성할 수 있구나를 느낄 수 있다. 이러한 재미는 경험하지 않으면 그 진가를 알 수 없다. 20대와 60대가 진솔한 대화와 생각을 나누기 어렵지만, 온라인 독서모임에서는 가능하다.

독서로 서로 동기부여를 주고받으면 개인의 생각을 더욱 풍부하게 만들어줄 뿐 아니라 새로운 아이디어를 도출하는 데도 큰 도움이 된다. 또한 다양한 주제의 책을 읽기 때문에 다양한 분야의 지식을 습득할 수 있다. 낯선 주제로 힘들어할 때도 공감과 지지를 받을 수 있기 때문에 중도포기하지 않고 완독하게 된다.

서로의 장점을 발견하고 긍정적인 자극을 주고받는 관계가 구축된다면, 슬럼프가 오거나 부정적인 감정에 빠지더라도 힘을 얻을 수 있다. 시련을 겪고 위축된 사람이 있다면 회복탄력성을 이끌어내주고 마음을 다해 지지해준다.

세상살이는 혼자 하면 외롭지만 같이하면 자신의 또 다른 면모를 발견할 수 있다. 혼자서는 무엇이든 쉽게 지치고 고집만 세지는 외골수가 되어버린다. 하지만 누군가와 같이할 때, 상호 동기부여의 관계를 형성할 때 각자의 목표를 향해 달려나가는 과정을 격려하고 지지해준다면, 고립감을 해소해주고 시너지를 낸다. 현대사회처럼 경쟁이 심한 환경에서도 서로를 격려하고 동기를 부여함으로써 함께 발전하고 성장하는 기회를 가질 수 있다.

지금 내가 할 수 있는 일을 한다

시험을 앞두고서는 책상 먼지가 유독 잘 보인다. 방안을 둘러보니 청소가 하고 싶다. 갑자기 책장을 가지런히 정리하고 싶다. 사람은 부담감을 느끼면 뇌의 회피본능으로 인해 지금 해야 할 일을 미루고 다른 일로 회피하고 싶어 한다. 하기 싫고 어렵고 복잡할수록 회피본능은 강해진다. 코앞에 시험을 앞두고 있으면서도, 지금 공부해야 한다는 것을 충분히 알고 있으면서도 청소하는 행위로 도피를 한다.

인간은 본능적으로 스트레스 상황을 피하려 하기 때문에 중요한 일을 앞두고 도망가고 싶어 하는 마음은 당연하다. 이럴 때는 다른 일을 하면서 시간을 보내지 말고 무엇 때문에 스트레스를 받고 있는지 이유를 알아야 한다.

스트레스는 삶에 독이 되기도 하고 약이 되기도 한다. 스트레스가 독이 될 때는 중요한 일을 앞두고 상관없는 행동으로 도피하는 것이다. 사람은 스트레스를 받으면 마냥 놀지는 않는다. 대신 다른 행위로 회피한다. 시험을 앞두고 방 청소를 하는 것처럼 말이다. 사실 그럴수록 스트레스가 더 커진다. 스트레스를 약으로 쓰려면 스트레스를 정면으로 수용해야 한다. 회피하는 데서 오는 스트레스는 잘하고 싶다는 마음 때문에, 또 잘 해내지 못할지도 모른다는 걱정이 원인이다. 무언가를 자꾸 미루거나, 중요한 순간에 도망가고 싶다거나, 일의 우선순위를 뒤바꾸고 싶은 마음이 스트레스의 형태로 나에게 자극을 주는 것이다.

해야 할 일이 중요하면 중요할수록 더욱 커지는 부담감, 스트레스, 미루고 싶다는 생각 등을 타파하는 가장 좋은 방법은, 어떤 일을 하든 내가 마주해야 하는 첫 번째 장벽이라 여기고 지금 할 수 있는 가장 작은 일부터 시작하는 것이다. 예를 들어, 내일 보는 시험이 부담되고 좋은 점수를 받지 못할까봐 아예 놔버리고 싶을 수 있다. 그럴 때도 내가 지금 할 수 있는 작은 일부터 한다. 암기과목이라면 벼락치기를 해도 효과가 있을 것이다. 또, 기출문제를 풀어보는 것만으로도 공부를 아예 하지 않는 것보다는 좋은 점수가 나올 것이다.

글쓰기가 막막할 때 마감을 미루고 싶은 유혹에 시달린다. 미룬다고 딱히 글이 잘 써지는 것도 아닌데, 이런 상황을 벗어나고만 싶다. 이럴 때는 뭔가를 써야 한다. 의식의 흐름대로 일기를 쓰듯이 생각이 나는 대로 쓰기 시작한다. 키보드를 두드리기 시작하면 신기하게 쓰고 싶었던 소재가 연결이 된다. 무의식에 있던 생각이 의식으로 떠오르면서 손가락은 자동으로 키보드를 마구 두드리고 있다.

마감을 미룬다고 대단한 글을 쓰는 게 아니라면 마감을 미루지 않는 것이 옳다. 우리는 이것을 모두 알고 있다. 알고 있다면 지금 할 수 있는 일을 하자. 작은 것이라도 좋다. 시험을 앞두고 있다면 일단 책을 펼치고 펜을 잡아야 한다. 중요한 경기를 앞두고 있다면 운동화 끈을 단단히 매고 연습을 해야 한다. 마감이 코앞이라면 노트북을 열고 글을 써야 한다.

회피하는 것도 결국 습관으로 굳어진다. 중요한 일을 앞두고 '어떻게 하면 도망갈 수 있을까' 잔머리만 굴리는 자신을 발견했을 때는 이미 회피본능에 충실한 상태다. 사람이 본능대로만 살면 극복할 수 있는 일이 하나도 없다. 하지만 본능을 역행할 때 우리에게 주어지는 보상은 크다. 도망가면 당장은 편할지 몰라도 평생 그 순간을 후회하게 될 수 있다.

우리에게는 살면서 반드시 해야 할 일들이 주어진다. 해야 할 일들은 데드라인이 존재한다. 삶을 살아가는 과정에서 완수해야 할 일을 하지 않으면 자꾸 불안해진다. 불안하면 해야 할 일에 집중하기가 더욱 힘들다. 시작을 했으면 끝을 맺어야 한다. 언제까지 애매한 상태로 남아 있고 싶지 않다면 오늘 해야 할 일은 오늘 끝내야 한다.

마음이 조급해질수록 지금 당장 할 수 있는 일이 없다는 생각이 든다. 마감을 앞두고 오늘 포기하는 것보다는 당장 노트북을 열고 한 문장이라도 쓰는 것이 낫다. 완벽한 문장 대신 포기를 중단하게 하는 문장이면 충분하다. 그것이 지금 여기서 내가 할 수 있는 일이다. 불안해하며 손톱을 깨물거나 머리를 꼬는 것보다, 유튜브를 보며 시간을 잊는 것보다 하나씩 이어 나가는 것이다. 오늘 지금 여기서 의미 있는 일을 하라! 그것이 비록 완벽하지 않더라도 말이다.

뜨거운 가마 속에서 구워낸 도자기는 결코 빛이 바래는 일이 없다.
마찬가지로 시련과 고난으로 단련된 사람의 인격은 영원히 변하지 않는다.

-쿠노 피셔

5장

인생에 행복을 끌어당기는
회복탄력성의 힘

어떠한 상황에서도 자신을 인정하고 격려하라. 스스로를 긍정하면 삶에 활력
이 생긴다. 현재에 충실하고 가장 중요한 관계를 지켜내는 힘은 자신과의 관
계에서 비롯된다. 스스로를 격려하고 응원할 줄 아는 사람은 어떤 풍파도 이
겨낼 힘이 있다는 것이다.

매 순간 넘어져도
기꺼이 일어나는 사람이 된다

매번 넘어져도 기꺼이 일어나는 사람은 인생의 재미를 알고 있다. 사는 게 재미있다면 실패해도 넘어졌다고 생각하기보다 여러 가지 실험을 해보았다고 여긴다. 삶이 두려움과 외로움, 처절한 경쟁이 가득한 것 같지만 인생은 그런 것들보다 즐거움이 많다. 찾으려고 하면 인생의 모든 것이 즐거움이 될 수 있다.

개그를 업으로 하는 사람은 한순간이라도 사람들에게 웃음을 주기 위해 불철주야 고민한다. 콘텐츠 제작자들이나 배우들도 마찬가지다. 어떻게 하면 사람들에게 재미있고 흥미로운 콘텐츠를 선사할까 매일 고민한다. 타인에게 흥미로움과 놀라움과 편의를 제공하기 위해서 매일 노력하고 있다. 어떻게 보면 삶은 이런 사람들 덕분에 매일 신나는 축제가 펼쳐진다. 우리가 매 순간 넘어져도 기꺼이 일어나지 않을 이유가 없다.

프랑스 파리의 관문 역할을 하는 국제공항의 이름은 샤를 드골 공항이다. 프랑스의 5대 대통령 샤를 드골의 이름을 따서 만든 공항인데, 그만큼 샤를 드골은 프랑스에서 영웅으로 추앙받고 있다. 1959년 프랑스 대통령이 된 드골은 쉽게 그 자리에 오르지 않았다. 산전수전을 겪은 드골의 인생은 좌절과 실패, 낙담과 두려움으로 점철되었다. 제1차 세계대전에 참전해서 나치와 싸우다 포로로 잡혀 2년 동안 죽을 고생을 했다.

이후 제2차 세계대전에도 참전한 드골은 독일에 프랑스가 항복하자 영국으로 망명해서 그곳에 프랑스 임시정부를 세운다. 1944년 노르망디 상륙작전이 시작되고 드골은 레지스탕스와 시민의 도움을 받아 파리를 해방시킨다. 이런 큰 공로를 세우고도 그는 1946년 총선에서 사회주의 세력이 제1당으로 올라서자 정계를 은퇴해야 했다. 하지만 알제리 전쟁, 수에즈 운하 전쟁 등을 겪으면서 사회당의 입지가 좁아지자 드골이 대통령으로 취임하게 된다.

드골은 난관은 기개 있는 사람을 부른다고 했다. 난관을 겪으면서 자기를 실현할 수 있기 때문이라고 했는데, 드골이 수많은 난관 앞에서 그냥 주저앉았다면 어떻게 되었을까? 이것은 드골 개인의 문제가 아니라 프랑스 역사뿐만 아니라 세계의 역사가 바뀔 수 있는 중요한 문제였다. 드골은 난관이 닥칠 때마다 기꺼이 다시 일어나는 것을 선택한다.

난관을 만나면 삶의 목표가 무엇인지 선명해진다. 드골은 자신의 목표를 이루기까지 30년이란 세월이 걸렸지만 그동안 패배감을 곱씹는 대신 스스로를 갈고닦으며 준비에 매진했다. 인간은 넘어질 때 넘어지지 않는 방법을 비로소 깨닫는다. 난관의 경험을 삶에 적용하려면 우리는 다시 한 번 일어서야 한다.

실리콘밸리에서는 페일 콘(Fail Con)이 열린다. 페일 콘이란 'Fail Conference'의 약자로 '실패 공유 모임'이다. 실리콘밸리에서 실패는 부끄러워서 숨겨야 할 일이 아니라 공유하고 널리 알려야 하는 노하우다. 벤처 사업가들이 모여 자신의 실패담을 나누고 실패요인을 분석하기 위해 열띤 토론을 벌인다. 실패를 세상에 알리고 차근차근 분석하고 토론까지 하는 이유는, 피가 되고 살이 되는 경험이라는 인식 때문이다.

실리콘밸리에서 투자대상 1순위는 두 번 실패한 창업자이다. 스타트업에게 실패경험은 성공을 위한 최상의 밑거름이라는 정설이 널리 퍼져 있기 때문이다. 스타트업은 새로운 기술과 아이디어를 바탕으로 사업을 시작하기 때문에 태생적으로 실패 확률이 높을 수밖에 없다. 실패를 해도 실패로 끝내는 것이 아닌 그 원인을 분석하고 교훈을 얻어 다시 도전하는 것이 중요하다.

실패를 극복하면서 경험과 노하우를 쌓아서 더 나은 제품과 서비스를 개발해야 성공을 이룰 수 있다. 그래서 실패를 인정하고 받아들이는 인식 또한 필요하다. 실패를 비난하고 부끄러워하는 것이 아니라 실패를 통해 배우고 성장할 수 있다는 사회적 인식이 있어야 더욱 적극적이고 창의적인 시도가 가능하다. 결국 넘어지더라도 다시 일어서서 다음을 준비하는 사람이 성공에 닿을 수 있다는 것이다.

과거는
삭제하는 것이 아니라 뛰어넘는 것

　　흑역사는 누구에게나 존재한다. 흑역사는 없었던 일로 치거나 잊고 싶을 만큼 부끄러운 과거를 의미한다. 수많은 흑역사를 뒤로하고 현재의 내가 존재한다. 나는 살아있는 흑역사 제조기이다. 지금도 흑역사를 열심히 만들고 있다. 흑역사는 대부분 지우고 싶은 일들 투성이겠지만 또 어떤 면에서 보자면 흑역사에 있었기에 현재의 자신이 존재할 수 있다.

　　흑역사라는 과거는 유유히 흘러가게 내버려두자. 아무리

과거를 바꾸고 싶어도, 다시 돌아간다 해도 우리는 같은 선택을 할 것이다. 지나간 흑역사를 부정하는 것만큼 부질없는 일도 없다. 시간이 좀 더 흐르면 흑역사도 다시 돌아오지 못할 추억으로 남는다. 과거의 흑역사는, 앞으로 내릴 수많은 선택을 올바로 이끌어줄 예방주사일지도 모른다.

과거는 과거대로 의미가 있다. 그래서 과거를 돌아보며 흑역사를 삭제하려 하기보다 흑역사가 만들어준 오늘에 집중하고 싶다. 흑역사를 인정하고 있는 그대로의 모습을 존중하면 함부로 타인을 재단하거나 판단하지 않게 된다. 흑역사가 없다면 현재의 나도 없을 것이다. 자신을 있는 그대로 인정하는 사람은 매력적이다. 거짓으로 흑역사를 부정하지 않으니 담백하다.

전성기를 누린 아티스트들이 살아온 궤적을 따라가보면, 엄청난 흑역사의 시절이 있다. 어린 나이에 정점에 오르든, 뒤늦게 빛을 보든 대중의 관심을 받은 만큼의 흑역사가 존재한다. 그 흑역사란 차마 입에 담기도 민망한 수준이거나, 커리어를 끝장낼 정도의 일이기도 하다. 그들에게 이런 흑역사가 있는 이유는 간단하다. 실패를 무릅쓰고 도전을 계속해 나가면 흑역사가 생길 수밖에 없다. 도전이 언제나 성공적인 결과를 도출하는 것은 아니기에 남들 보기엔 그저 그런 실패일 수 있다. 하지만 자신의 실패 또한 묵묵히 받아들이고 다음을 향해 정진하는 태도는 결국 엄청난 성공을 만든다. 성숙한 자기수용과 긍정적인 자아강화의 과정이다.

혹역사를 경험으로 삼아 자신을 더 단련하고 마침내 과거의 나를 뛰어넘는 것, 그것이 인생의 전환점이 되기도 한다. 레전드로 칭송되는 사람들은 흑역사 때문에 주저앉지 않았다. 흑역사를 뛰어넘을 용기를 갖고 어떻게 해서든 끝까지 해낼 방법을 찾았다. 이런 패기는 과거를 삭제하기보다 뛰어넘은 자의 트로피다.

성공한 사람들도 같은 인간으로서 치명적인 약점을 가지고 있었다. 지독한 흑역사를 가지고 있었으나, 흑역사를 보는 관점이 보통 사람들과는 달랐다. 그들은 흑역사마저 지렛대

삼았다. 어떤 분야에 족적을 남기고 싶다면 흑역사를 남겨라. 그리고 그것을 넘어서라. 흑역사를 두려워하는 사람은 창의적인 도전이 불가능하다. 세상 사람들의 비난에 직면한다고 해도 그것마저 소재로 삼고 승화시키는 지렛대로 삼아라. 그러면 어느 순간에 어떤 일이든 해낼 수 있는 자신으로 거듭날 것이다.

나 자신을
인정하고 격려하는 것을 습관화하라

시련과 고통이 닥치면 가장 경계해야 하는 것이 관점의 협소함이다. 내가 힘들 때는 세상과 사물, 사람을 보는 시야가 극도로 좁아진다. 별것 아닌 말 한마디에도 상처받기 쉽고, 별것 아닌 일도 확대해석한다. 마음에 여유가 하나도 없기 때문에 자신에게도, 타인에게도 날카로워진다. 그래서 '그럴 수도 있지'라는 마인드를 습관으로 삼아야 한다. 인생은 예측 불가능하고 모든 일이 내 탓인 것도 아니다. 나 자신을 지나치게 깎아내리지 않아도 된다.

특히 경제적으로 어려운 시기에는 위축되기 쉽다. 돈 때문에 자신을 비하할 필요가 없다. 돈이 없어도 쫄면 안 된다. 돈은 흐른다. 있다가도 없다. 없다가도 있다. 돈 앞에서 무너지지 않는 사람이 돈을 지배할 수 있다. 하지만 돈이 없으면 무시당하기가 쉽다. 그럴 땐 그러거나 말거나 정신으로 임하면 된다.

돈은 자존감이 아니다. 돈은 행복과 반드시 정비례한다고 할 수 없다. 돈을 자존감과 행복과 연결시키면 세상 모든 일이 돈으로 귀결된다. 돈 앞에서 일희일비하는 사람은 평정심을 갖고 살기가 힘들다.

훌륭하고 바른 일을 한다고 반드시 돈으로 연결되지 않을 수도 있다. 의리와 신의를 지킨다고 모두가 벼락부자가 되는 것도 아니다. 하고 싶은 일과 돈의 미스 매칭이 일어날 수도 있다. 하나부터 열까지 돈에 연연하는 삶은 마음 편할 수 없다. 경제적 이유로 자신을 낮춰보거나 스스로를 얕잡아보는 일은 큰 착각이다. 얼마를 벌든 최선을 다해 일하며 식구들의 생계를 책임지는 가장의 삶은 아름답다. 가족의 생계를 책임지느라 얄팍한 용돈으로 생활해야 하는 사람의 삶은 가치 있다. 모든 것을 돈의 액수로만 판단하는 사고방식은 자본주의의 심각한 폐해다.

자본주의의 모순과 문제점을 자신의 부족함으로 판단해서는 안 된다. 이제까지 열심히 살아온 인생을 긍정적으로 인정하지 못하고, 단지 돈이 없다는 이유로 스스로의 가치를 깎아내릴 필요 없다. 돈이 있어도 없어도 우리는 여전히 소중하고 삶은 의미 있다.

죽음을 앞둔 사람이 그동안 돈을 더 벌지 못한 걸 후회할까? 좀 더 사랑하며 살지 못한 걸 후회한다. 죽음을 앞두면 중요하지 않은 건 모두 사라진다. 본질만 남는다. 특히 자신의 인생을 소중하게 생각하지 않은 걸 가장 후회한다. 왜 좀 더 자신을 사랑하지 않았을까? 왜 나의 삶을 긍정하지 못하고 남과 비교하면서 돈에 안달복달하며 좀 더 자신을 격려하지 못했을까? 죽음을 앞둔 어르신들이 가장 많이 하는 후회다.

인생의 만족도는 돈의 많고 적음이 아니라 얼마나 주변 사람을 사랑했느냐, 자신의 삶을 후회 없이 소중하게 대했느냐에 달려 있다. 나를 인정하지 않고 격려하지 않는 사람은 가족이나 타인에게도 똑같은 행동을 하게 된다. 진정한 행복은 관계에 있다. 나와 주변 사람들과 또 사회와의 긍정적인 관계는 행복의 필요 충분 조건이다. 타인을 인정하지 않고 격려하지 않는 사람이 주변 사람이나 사회와 긍정적인 관계를 이어 나갈 수 없다.

주위를 둘러보자. 내 인생에 있어서 가장 중요한 사람들과의 관계는 어떠한가? 그것이 자아를 비추는 거울이다. 아무리 돈이 많아도 그 풍요로움을 나눌 수 있는 사람이 주변에 없다면 풍요롭다고 말할 수 있을까? 긍정적 관계의 첫 단추는 나 자신을 인정하고 격려하는 습관이다. 돈의 많고 적음을 떠나서 스스로를 긍정하는 사람은 삶의 활력이 생긴다. 이 활력은 선순환을 만들고 결국 모든 관계의 원동력이 된다.

어떠한 상황에서도 자신을 인정하고 격려하라. 현재에 충실하고 가장 중요한 관계를 지켜내는 힘은 자신과의 관계에서 비롯된다. 스스로를 격려하고 응원할 줄 아는 사람은 어떤 풍파도 이겨낼 수 있는 힘이 있다는 것이다.

나의 장점을
계속해서 발견하라

아무리 타고난 재능을 갖고 있다고 해도 자신이 그것을 인식하고 있지 않으면 써먹을 수 없다. 사람은 모두 어떠한 '기질'을 타고나듯 '재능' 또한 타고난다. 하지만 그것을 제대로 발견하고, 인지하고, 키워나가는 사람은 극히 드물다. 왜 모두가 각기 타고난 재능이 있음에도 불구하고 제대로 싹을 틔워보지도 못한 채 남의 재능만 부러워할까?

재능과 마찬가지로 사람이 지닌 장점도, 자신이 그것을 인지해야 비로소 장점다운 장점이 된다. 옆에서 '너는 이러이러한 것이 장점이다'라고 아무리 강조해도 그걸 믿지 않는 사람이 많다. 칭찬에 익숙한 문화권이 아닌 겸양의 문화권에서 자란 사람은 남이 하는 칭찬을 입에 발린 말로 여긴 채 한 귀로 듣고 흘려버린다.

대부분의 사람이 의외로 자신의 장점이 무엇인지 잘 모른다. 내 장점이 무엇인지 오늘부터 칭찬일기를 써보는 것이 어떨까? 진지하게 오늘 한 일 중에 칭찬할 만한 일은 무엇이 있는지 돌아보자. 단 한 줄이라도 좋다. 칭찬일기를 쓰다 보면 알지 못했던 자신의 장점이 보인다. 남이 나의 장점을 찾아주기도 하지만, 나의 장점은 내가 제일 잘 알고 있다. 다만 자신의 장점에 집중하지 않아서 발견하지 못했을 뿐이다.

나의 20대 시절은 약점을 보완하려고 애쓴 시간이었다. 노래를 못하니 보컬 레슨을 받았고, 춤을 못 추니 무용학원에 다녔다. 하지만 아무리 나의 약점을 보완하려고 해도 원래 재능을 타고난 사람들을 따라갈 수는 없었다. 성대가 약해 테크닉으로 보완하려 해도 목이 빨리 쉬어버리니 아무리 보컬 레슨을 받아도 소용이 없었다. 근육이라곤 하나 없는 저질체력으로 춤을 추려고 했다니 용기가 가상하다.

나의 장점과는 상관없는 분야에서 헤매다 보니 내가 아무 재능도 없는 사람으로 느껴졌다. 그때까지만 해도 내가 글 쓰는 재능이 있다는 사실을 전혀 알지 못했다. 우여곡절 끝에 글을 쓰는 재능을 발견하고 장점을 업으로 삼자 아무런 재능이 없다고 생각했던 과거의 내가 안타까웠다. 그래도 이렇게 재능과 장점을 발견하려는 시도를 해보는 과정도 꼭 필요하다. 내가 스스로를 재능 없는 사람으로 치부하지 않으면서.

장점에 집중하면 장점과 관련된 많은 것이 고구마 줄기처럼 따라붙는다. 글을 쓰는 장점을 발견하자 콘텐츠를 만들 수 있다는 것을 알게 되었고, 하나의 소스를 책뿐만 아니라 강의로, 유튜브 영상으로, 팟캐스트 콘텐츠로 만들었다. 장점에 집중하다 보니 나도 모르는 내가 마구 튀어나왔다. 아직도 단점을 보완하려고 보컬 레슨을 받고 있다거나, 춤을 잘 춰보려고

무용학원에 있는 나를 가끔 상상해본다.

자신의 장점을 찾고 싶다면 새로운 일을 해보자. 매일 똑같은 일상을 보내고, 똑같은 사람을 만나고, 하던 일만 계속하면 내 안에 무엇이 숨어 있는 지 끝내 알 수 없다. 자신을 새로운 경험에 노출시키거나 자주 도전하면 할수록 숨은 장점이 드러난다.

자신의 장점을 인지하고 있으면 일상적인 스트레스에 대처할 수 있는 능력도 향상된다. 자신의 강점을 기반으로 문제를 해결할 수 있고, 도전에 직면할 때 더욱 자신감을 가질 수 있다. 이는 스트레스와 불안을 감소시키는 데 큰 도움이 된다. 사람은 어차피 자신의 장점으로 먹고살아야 한다. 자신의 단점으로 먹고살면 경쟁력이 있을 수가 없다.

고통을 피할 수는 없지만
그 의미는 선택할 수 있다

10여 년 전, 건강검진에서 담낭에 담석이 발견되었다. 담낭암으로 발전할 가능성이 있으니 빠른 시일 안에 수술하는 게 좋겠다는 소견이 나왔다. 바로 수술 날짜를 잡았다. 그때까지 나는 수술을 한 번도 경험해본 적이 없었다. 담낭은 쓸개다. 나는 곧 쓸개 없는 사람이 될 예정이었다. 비록 2박 3일을 입원하고 개복수술이 아닌 복강경으로 하는 수술이라 할지라도 무섭긴 매한가지였다.

수술을 마치고 전신마취에서 깨어났는데 그런 큰 고통은 난생처음이었다. 너무 아파 정신을 차릴 수가 없어서 진통제를 놔달라고 고래고래 소리를 지를 정도로 극심한 고통이었다. 병원에서는 더 이상 진통제를 맞으면 위험하니 시간이 약이라고 생각하며 견뎌보라고 했다. 2박 3일 동안 지옥을 경험했다. 퇴원하고 집에 돌아와서도 수술 부위가 아파서 허리를 펴지 못할 정도였다. 그렇게 수술 후유증은 한 달 정도 지속되었다.

수술 이후 나는 비로소 건강해졌다. 기름기 있는 음식은 조심하고, 소화가 잘되는 음식으로 가려 먹었다. 고통을 겪고 나서야 건강해졌다는 말의 의미는, 고통을 겪지 않으면 자신이 건강하다는 것조차 인지하지 못한다는 것이다. 이것이 수술이라는 고통을 겪고 나서 내가 받은 선물이다. 고통은 모두 나름의 존재 이유가 있다. 지옥을 경험해야 천국이 보인다.

인생은 언제나 희노애락과 함께한다. 고통을 피할 수 있는 방법은 없지만 고통이 주는 의미를 선택할 수는 있다. 우리는 의미를 쫓는 존재들이다. 모든 일에 의미를 부여하고 싶어 한다. 고통을 겪는 순간, 우리는 진짜 행복을 보는 마음의 눈이 생긴다.

프리드리히 니체는 24세에 고전문헌학 교수로 채용되면서 그 당시에는 최연소 교수가 되는 영예를 안는다. 하지만 《비극의 탄생》이 출간된 이후 니체의 삶은 극적으로 변화하게 된다. 그를 교수로 특별채용한 스승 빌헬름 리츨로부터 "술에 취해 쓸데없는 이야기를 장황하게 늘어놓은 책"이라는 혹평을 받은 것을 시작으로 세상으로부터 차디찬 비판에 시달리며, 천재라는 칭호를 받은 니체의 영광은 내리막길을 걷게 된다.

그가 맡은 고전문헌학 수업의 수강생은 줄어들었고, 철학과 교수로 자리를 옮기려는 시도는 대학 측으로부터 거절당한다. 니체의 고통은 여기서 끝나지 않는다. 니체의 아버지는 뇌연화증으로 35세의 나이에 세상을 떴는데, 니체도 바로 그 뇌연화증을 앓으며 아프지 않은 곳이 없었다. 멀쩡하게 교수 자리에 있다가 쫓겨나다시피 대학을 그만두고 평생 유전병의 굴레에서 벗어나지 못한 니체는 정신적, 육체적으로 고통받는 삶을 살아가게 된다. 하지만 니체는 그 고통을 외면하지 않았다. 오히려 지독한 고통 덕에 초인이라는 개념의 '위버멘쉬(Übermensch)'라는 새로운 인간상을 만들어낸다. 니체의 철학은 고통 위에서 꽃피었던 것이다.

삶이 있기에 고통이 존재한다. 고통을 느낄 때마다 삶에 희열하라. 그것이 살아있는 생명으로서 받는, 나만이 풀어볼 수 있는 삶의 의미라는 선물 꾸러미다. 니체가 고통을 위버멘쉬로 승화했듯이 사람은 차원이 다른, 더 높은 곳으로 가려면 고통이라는 상자를 필연적으로 먼저 열어보게 되어 있다. 고통을 겪으면 사람의 진면목이 나오기 때문이다. 그래서 고통이 오면 당장은 아프더라도 그것을 감사하게 받아야 한다.

고통에 감사하라니, 아파 죽겠는데 어떻게 감사하라는 걸까, 너무 잔인한 거 아닌가, 라고 생각할 수 있다. 대운이 트이는 사람의 징조가 있다. 모든 악재를 한꺼번에 겪거나, 악재가 끊이지 않고 계속 일어난다. 그 악재의 끝은 대운이다. 대운을 받을 만한 사람인지 먼저 시험을 겪는 과정이 바로 고통이다. 고통에서 일어나지 못하면 큰 복을 받을 자격이 주어지지 않는 것이다. 그러니 고난이 시작되면 대운을 받을 사람으로 선택받은 것이니 그것을 감사하게 받자.

고통은 사람의 그릇을 키워주기도 한다. 우리가 고통을 겪을 때 그것을 이겨내는 방법을 찾아내고 그 과정에서 많은 경험과 지식이 쌓이게 된다. 그 이전의 삶에서 자신에게 있었던 한계를 깨닫고 이를 극복하기 위한 여러 시도를 해본다. 이렇게 쌓인 경험과 지식은 비슷한 상황이 생길 때 더 의연하게 대처할 수 있게 만들어준다. 그러면서 사람의 그릇은 한층 더 깊어지고 넓어진다.

고통은 단순히 힘든 일이 아니라, 오히려 사람을 성장시켜주고, 삶의 질을 높여주는 역할을 한다. 그러니 고통이 와도 어떻게든 견뎌내라. 모든 고통은 지나가기 마련이다. 고통이 지나간 자리에는 희열이 남는다. 고통과 희열은 한 쌍이기 때문이다. 고통을 먼저 받으면 희열은 알아서 따라온다. 고통을 겪는 이유는 희열이 곧 온다는 의미이다. 어찌 감사하지 않을 수 있겠는가. 자신이 감내할 수준이 아닌 고통은 오지 않는다. 고통이 온 이유는 다 그만한 고통과 거기에 비례하는 희열을 받을 만한 사람에게 온다.

뿌리부터 탄탄한 인생을 만든다

20년 전 일이다. 지인이 운영하는 대학생 온라인 커뮤니티에 가입한 적이 있었다. 정회원이 되려면 스무 가지 정도의 질문에 답변을 해야 했는데, 당시 가장 기억에 남는 질문은 "어떤 삶을 살고 싶은가?"였다. 나는 주저 없이 이렇게 답했다. '빛과 소금 같은 삶'. 어디에서 이런 말을 들었는지, 왜 이런 삶을 살고 싶었던 건지 모르겠지만 그때 그 답변을 하면서 무의식적으로 인생의 방향이 빛과 소금으로 정해져버렸다.

당시 나는 빛이나 소금 같은 단어에는 전혀 맞지 않는 삶을 살고 있었다. 표류하는 20대였고 당연히 철이 없었다. 빈둥거리는 걸 좋아하고 특기나 취미도 분명하지 않았던 시절이다. 대체 무엇을 믿고 빛과 소금이라고 대답했을까? 어디서 주워들은 말이 멋있게 들려서 써먹은 게 아닐까 하는 추측을 해본다. 그런데 이상한 일이 벌어졌다. 인생을 살아가다 힘든 날이 오면 이상하게 '빛과 소금'이라는 말이 선명하게 다가왔다. '빛과 소금으로 살아갈 텐데 이 정도 어려움은 감내해야지'라는 혼잣말을 하며 인생의 목적을 다시금 되새겼다.

빛과 소금이라는 말에 어울리지 않은 행동은 자연스럽게 멀리하고, 근거 없는 자신감으로 삶이 충만해졌다. 언젠가 나는 빛과 소금 같은 역할을 할 것이므로… 하루하루를 어떻게 보내야 빛과 소금에 어울리는 존재가 될 것인가 생각했다. 자의식 과잉 같은 '빛과 소금'이라는 말이 내 행동을 통제하고 있었던 것이다.

마음속에 삶의 방향을 새겼다고 해서 당장 그에 걸맞은 존재가 될 수는 없다. 하지만 무의식에 각인된 삶의 방향은 일상에 조금씩 스며들어 고난의 시기에도 길을 잃지 않도록 등대 역할을 해주었다. 지금 와서 생각해보면 빛과 소금이라는 목적 설정이 고난을 만들었고 그 고난이 필연적으로 나를 성숙하게 해준 것 같다.

철없는 아이가 고난이라는 가시밭길을 걷게 되자 그전에는 경험할 수 없었던 수많은 난관이 나타나게 되었고, 그 난관들을 극복하고자 발버둥을 쳤다. 빛과 소금이 되려는 수많은 시도는 작은 실패를 낳았고, 작은 실패는 큰 실패가 되고, 큰 실패는 바닥을 쳤다. 그리고 마침내 인생의 진로를 바꿔놓았다. 이런 발버둥이 한 해, 두 해, 10년이 넘게 쌓이자 희미한 길이 조금씩 트이고 선명해졌다.

한번 터놓은 길은 광폭으로 쭉쭉 늘어나는 구간도 생겼다. 그렇게 길이 넓어지자, 이제는 삶의 방향이 탄탄하게 세워졌다. 20대 초반 또래 인터넷 커뮤니티에서 받은 생소한 질문에 엉뚱하게 튀어나온 '빛과 소금'이라는 대답의 결과가 20년 후에는 바꿀 수 없는 필연으로 굳어졌다. 거기서 파생된 수많은 단상이 모여 인생의 방향을 만들었다.

나는 이 과정을 말의 힘으로 이루었다고 생각한다. 운명 처럼 만난 빛과 소금이라는 말이 잠자는 나를 흔들어 깨웠 다. 과정은 지난했지만 오히려 탄탄하게 성장하게 된 밑거름 이 되었다. 삶의 목적은 세상을 바라보는 시야를 확장하고 인 생의 뿌리를 탄탄하게 한다. 깊고 넓게 내린 뿌리는 세상의 풍 파 속에서도 이리저리 나부끼지 않고 단단하게 중심을 잡아준 다. 나뭇잎은 반드시 뿌리를 따라 자란다.

끝까지 해보자는 마음이
다시 나를 일으킨다

어떤 분야에서 끝장을 본 경험은 아주 중요하다. 그 결과가 실패든 성공이든 말이다. 끝까지 해봐야 후회가 남지 않는다. 취미든, 공부든, 돈을 벌든, 무엇을 하든 끝까지 가봐야 알 수 있다. 중도포기하면 절대로 알 수 없는 것이 있다. 끝장을 본 사람만이 가질 수 있는 것이 있기 때문이다. 그 덕분에 끝까지 가본 사람의 인생은 풍요롭다.

나는 홍차 덕후다. 다구와 홍차 관련 디저트, 티타임을 떠올리기만 해도 행복하다. 좋아하면 끝장을 보는 스타일이라 홍차 본산지로 여행을 다녀올 정도다. 홍차를 좋아한다고 해서 돈이 나오는 것도 아니고 사회적 명망이 생기는 것도 아니다. 그저 순수하게 홍차를 즐기는 시간을 좋아하는 것이다. 집에 종류별로 홍차를 쟁여놔야 마음이 안정된다. 스트레스를 받을 때마다 좋아하는 홍차와 간식을 함께 먹으며 티타임을 가지면 온갖 근심이 사라진다. 홍차 산업과 관련 역사 공부까지 하게 된 건 덤이다.

한번 좋아하면 A부터 Z까지 알고 싶고 알파와 오메가까지 섭렵해야 속이 시원하다. 이런 덕후 기질이 다분한 내가 책에 꽂히자 독서도 끝장을 봐야 직성이 풀렸다. 서가를 털며 독서하는 그 짜릿함이란 이루 표현할 수 없을 만큼 행복했다. 홍차 덕질과 독서가 무슨 관련이 있느냐고 묻는다면, 내게 끝장 보기의 힘을 길러줬다고 말하고 싶다. 땅을 깊게 파려면 넓게 파야 한다. 땅을 좁고 깊게 팔 수는 없다. 마찬가지로 지식이든 경험이든 끝까지 파헤치려면 깊고 넓게 다가가야 한다. 해보자는 마음으로 덤비면 깊고 넓은 지식과 경험이 융합된다. 이 시기의 지식과 경험은 뼛속까지 새겨져 평생 써먹을 수 있는 몸의 감각이 된다. 홍차 덕후 시절의 경험을 살려 독서도 홍차를 좋아하듯 재미있게 파헤치다 보니 책 자체를 사랑하는 애서가이자 장서가가 되어 있었다.

한번 성공을 맛본 사람은 다음에도 성공 경험을 활용하기가 수월하다. 실패를 맛본 사람도 마찬가지다. 실패의 경험은 뼛속까지 각인되어 어떻게 하면 실패를 줄일 수 있는지 온몸으로 알게 된다. 끝까지 해보자는 마음을 가지고 끝장을 본 사람이라면 끊임없이 새로운 것을 시도하고 도전하는 걸 두려워하지 않는다. 오히려 그 여정을 즐기게 된다. 끝까지 가본 경험이 있기에 시련과 고난이 있을지라도 멈추지 않는다. 그것이 반드시 필요한 과정임을 알기 때문이다.

끝까지 해보자는 마음가짐이 있다면 세상에 못할 일이 없다는 것을 경험하게 된다. 경험은 머리로만 알고 있는 것을 몸으로도 깨우치게 하는 힘이 있다. 그래서 단 한 번이라도 끝장을 본 경험이 있다면 어떤 시련과 고통을 겪어도 다시 일어날 수 있는 힘이 내재해 있다. 또한 끝까지 가본 사람은 자신에게 어떤 잠재력이 있는지 발견하게 된다. 그래서 스스로 답을 찾고 인생에서 도약할 수 있는 기회를 놓치지 않는다.

인생을 성숙하게 하는 비결은 최선을 다한 경험에서 우러나온다. 이 경험을 통해 스스로 강해지고 어떤 일을 하든 더 높은 곳을 지향하며 목표를 현실로 만든다. 관심과 애정을 지속하면서 끝까지 가봐야 후회를 남기지 않는다. 한 번뿐인 인생을 후회로 보낼 것인가? 아니면 끝장을 보는 경험을 축적해 삶을 풍성하고 윤택하게 할 것인가? 끝까지 해보자는 마음가짐은 한 번뿐인 인생을 후회 없이 살도록 해줄 것이다. 경험은 녹슬지 않기 때문이다. 경험은 돈을 주고 살 수도 없다. 그렇기 때문에 남이 훔쳐갈 수도 없다.

또, 경험은 나이가 들지 않기 때문에 언제든 새로운 경험을 통해 마음을 젊게 유지할 수 있다. 매사 시큰둥한 사람은 끝장을 본 경험이 없는 것이다. 그런 큰 성취감을 맛본 적이 없는 것이다. 우물 안 개구리처럼 시큰둥하게 그 자리에서 정체된 삶을 살게 된다. 이런 사람은 빨리 늙는다. 어떤 경험을 하고 싶은가? 몸도 마음도 경직된 후회 가득한 삶을 살 것인가? 어떠한 시련과 고통이 와도 끝까지 해보자는 마음으로, 끝장을 보는 경험을 할 것인가?

항해하는 배가 풍파를 만나지 않고 조용히 갈 수만은 없다.
풍파는 언제나 전진하는 자의 벗이다.
풍파 없는 항해, 얼마나 단조로운가!
고난 속에 인생의 기쁨이 있다.

－프리드리히 니체

회복탄력성

초판 발행 2024년 7월 24일

지은이   김시현
펴낸곳   다른상상
등록번호   제399-2018-000014호
전화   02)3661-5964
팩스   02)6008-5964
전자우편   darunsangsang@naver.com
ISBN   979-11-93808-07-8 03190

독자 여러분의 책에 관한 아이디어나 원고 투고를 설레는 마음으로 기다리고 있습니다.
이메일로 간단한 개요와 취지, 연락처를 보내주세요. 독자님과 함께하겠습니다.